주기도문

행복한 사람들의 기도

믿음의 다음 세대를 향한
고등학교 교목의 주기도문 메시지

| 김호진 지음 |

쿰란출판사

주기도문

행복한 사람들의 기도

머리말

    주기도문은 예수님께서 가르쳐 주신 기도로 하나님의 나라가 삶 가운데 이루어지기를 구하며 행복한 사람들이 살아가야 할 거룩한 길입니다. 즉 주기도문은 하나님의 자녀 된 행복한 사람들이 드리는 기도입니다. 이렇게 소중하고 귀한 주기도문을 부족한 종이 믿음의 지침서로 새롭게 쓸 수 있도록 힘이 되어 주시며 여기까지 키워 주신 주님께 모든 영광을 올려 드립니다.

    제가 교목校牧으로 있는 전주 기전여자고등학교는 1900년 4월 24일 'ㄱ'자 교회로 유명한 김제 금산교회의 설립자인 루이스 테이트 선교사의 여동생 매티 테이트 선교사가 설립했습니다. 또한 테이트 선교사의 부인인 마티 잉골드1867~1962 선교사는 전주 예수병원1898년을 설립하였습니다.

    [기전학교의 역사]
    1900~1904년: 매티 테이트가 6명의 학생으로 초가집에서 시작할 때

는 소학교, 기독학교라고 불림

1904~1907년: 초대 교장으로 전킨 선교사의 부인 메리 레이번 전킨이 취임

1907~1911년: 제2대 교장으로 넬리 랭킨 Nellie B. Rankin, 나은희, 1879~1911 선교사 취임

1908년 1월 2일: 전킨 선교사가 세상을 떠나자 선교부에서는 전킨의 선구자적인 노고를 영원히 기념하기 위하여 The W. M. Junkin Memorial School For Girls 1909년 7월 29일 기전학교라고 이름을 붙임

1937년 10월 5일: 일본 신사 참배에 항거하며 자진 폐교

1946년 11월 26일: 일제 패망으로 복교

2005년 3월 2일: 전주시 완산구 유연로 133 교사 신축 이전

이분들은 1885년 4월 5일 조선에 입국한 언더우드 선교사가 1891년 미국에 안식년으로 들어가 시카고 맥코믹 신학교에서 한

국 선교 현황에 대한 보고 강연과 내슈빌에서 열린 전국 신학교 해외 선교연합회에서 감동을 받았습니다. 그래서 테이트 선교사를 비롯한 7명이 호남 선교를 위해 전주로 왔습니다.

[미국 남장로교 호남 선교 7명의 선교사]

루이스 테이트 Rev. Lewis B. Tate, 최의덕, 1862~1929

매티 테이트 Miss Mattie S. Tate, 최마태, 1864~1940

윌리엄 레이놀즈 Rev. William Davis Reynolds, 이눌서, 1867~1951

팻시 볼링 레이놀즈 Mrs. Patsy B. Reynolds, 1868~1962

윌리엄 전킨 Rev. William M. Junkin, 전위렴, 1868~1908

메리 레이번 전킨 Mary Leyburn Junkin, 전마리아, 1864~1952

리니 데이비스 Miss Linnie F. Davis, 1862~1908

전주에 기전학교 기전중, 기전여고, 신흥학교 신흥중, 신흥고등학교, 예수병원은 이 지역에 하나님의 나라가 이루어지기를 소망하며

복음의 한 알의 밀알이 되었던 선교사님들의 열매입니다. 두 학교는 일제에 항거한 3·1만세운동과 광주학생운동의 주역이 되었을 뿐 아니라 신사 참배에 항거하여 자진 폐교했던 역사와 전통이 있는 자랑스러운 학교입니다. 그래서 하나님 나라의 확장된 상징적 의미로 그분들의 흔적이 남아 있는 기전학교의 초창기 초가집 사진과 현재의 사진을 표지로 넣었습니다.

이 책은 주기도문의 청원들에 대해서 일반적인 해석을 했고, 이 땅 가운데 하나님의 나라와 영광이 이루어지기를 소망하며 살았던 분들의 삶을 제가 쓴 예화집 세 권에서 담았습니다.

이 책은 그동안 고등학교 수업 시간과 수요 예배를 드리며 나누었던 말씀의 내용을 엮은 것으로, 청소년들뿐만 아니라 장년부의 신앙교육 교재로도 좋은 안내서가 될 것입니다.

한편 이 책의 내용들은 전적으로 저의 것이 아닙니다. 그동안 존경하는 목사님들의 신학적인 연구와 말씀을 다양하게 모아서 자료를 정리했는데, 그러다 보니 정확한 출처를 밝히지 못한 부분이 있습니다. 그것에 관하여 죄송한 마음이 있습니다.

그리고 부족한 종이 오늘에 있기까지 스승이 되어 주신 임진래 목사님, 한혁주 목사님, 고故 오희석 목사님, 한홍석 목사님, 김유수 목사님께 감사를 드립니다. 또한 전주기전여고 교장 장인균 장로님, 교감 한희영 장로님, 기전중학교 교장 김동수 장로님, 교감 김형배 장로님, 교목 이재우 목사님과 모든 교직원들에게 감사를 드립니다.

책을 낼 때마다 가족사진을 촬영해 준 좋은 친구 나종일 목사님 부부와 제가 쓴 모든 책의 교정을 맡아 주신, 군산영광여고 교장을 역임하신 수필가 김경곤 장로님과 군산영광여고 이사장이신 안이실 권사님에게 깊은 감사를 드립니다.

　특별히 평생 이 부족한 아들을 위해 희생하신 부모님과 힘이 되어 준 동생들의 가정과 사랑하는 세 자녀 성민, 영민, 소민이와 아내에게도 감사한 마음을 전합니다.

　바라기는, 여기에서 주기도문을 해석하고 나누는 내용들로 인하여 이 책을 읽는 모든 분이 하나님 나라와 의를 구하는 행복한 사람들이 되시며, 그리하여 이 책이 하나님 나라의 꽃을 피우는 신앙의 좋은 지침서가 되기를 소망합니다.

2019년 6월 29일
전주기전여고 교목실에서 김호진

 차례

머리말   04

행복한 사람들의 기도
"주기도문은 예수님께서 가르쳐 주신 기도입니다"   15

기도의 문
"하늘에 계신 우리 아버지"   37

첫 번째 청원
"아버지의 이름을 거룩하게 하시며"   59

두 번째 청원
"아버지의 나라가 오게 하시며"   79

세 번째 청원
"아버지의 뜻이 하늘에서와 같이 땅에서도 이루어지게 하소서"   107

네 번째 청원

"오늘 우리에게 일용할 양식을 주시고"   *127*

다섯 번째 청원

"우리가 우리에게 잘못한 사람을 용서하여 준 것같이
우리 죄를 용서하여 주시고"   *153*

여섯 번째 청원

"우리를 시험에 빠지지 않게 하시고 악에서 구하소서"   *177*

송영

"나라와 권능과 영광이 영원히 아버지의 것입니다. 아멘."   *197*

주기도문

하늘에 계신 우리 아버지,

아버지의 이름을 거룩하게 하시며,
아버지의 나라가 오게 하시며,
아버지의 뜻이 하늘에서와 같이 땅에서도 이루어지게 하소서.

오늘 우리에게 일용할 양식을 주시고,
우리가 우리에게 잘못한 사람을 용서하여 준 것같이,
우리 죄를 용서하여 주시고,
우리를 시험에 빠지지 않게 하시고,
악에서 구하소서.

나라와 권능과 영광이 영원히 아버지의 것입니다. 아멘.

The Lord's Prayer

Our Father in heaven,

Hallowed be your name,

Your kingdom come,

Your will be done on earth as it is in heaven.

Give us today our daily bread,

Forgive us our debts,

as we also have forgiven our debtors.

And lead us not into temptation,

but deliver us from the evil one.

For yours is the kingdom, and the power,

and the glory, forever. Amen.

NIV New International Version

행복한 사람들의 기도

**"주기도문은
예수님께서
가르쳐 주신 기도입니다"**

창문 열기

주기도문主祈禱文: The Lord's Prayer은 예수님께서 가르쳐 주신 기도입니다. 주기도문에는 믿음의 사람들이 무엇을 어떻게 기도하며 살아가야 하는지가 담겨 있습니다. 더 나아가 주기도문은 하나님의 나라와 의를 구하며 행복한 하나님의 사람으로 살아가도록 결단하게 하고 세워가게 하는 소중한 선물입니다. 그러므로 바른 의미를 알고 기도할 때 믿음의 풍성한 열매를 맺게 될 것입니다.

마태복음과 누가복음의 주기도문

주기도문은 마태복음 6장 9-13절과 누가복음 11장 2-4절에 기록되어 있습니다.

마태복음 6장 9-13절
그러므로 너희는 이렇게 기도하라
하늘에 계신 우리 아버지여
이름이 거룩히 여김을 받으시오며 나라가 임하시오며
뜻이 하늘에서 이루어진 것 같이 땅에서도 이루어지이다
오늘 우리에게 일용할 양식을 주시옵고
우리가 우리에게 죄 지은 자를 사하여 준 것같이
우리 죄를 사하여 주시옵고
우리를 시험에 들게 하지 마시옵고 다만 악에서 구하시옵소서
나라와 권세와 영광이 아버지께 영원히 있사옵나이다 아멘

누가복음 11장 2-4절
예수께서 이르시되 너희는 기도할 때에 이렇게 하라
아버지여 이름이 거룩히 여김을 받으시오며 나라가 임하시오며

> 우리에게 날마다 일용할 양식을 주시옵고
> 우리가 우리에게 죄 지은 모든 사람을 용서하오니
> 우리 죄도 사하여 주시옵고
> 우리를 시험에 들게 하지 마시옵소서 하라

마태복음의 주기도문은 예수님께서 처음 공생애 사역을 시작하셨을 때 많은 사람들에게 산상설교_{마태복음 5-7장}를 하신 가운데 가르쳐 주신 것입니다. 산상설교는 성서학자들이 예수님의 삶 전체를 요약해 놓은, 하나님 나라의 대헌장이라고 극찬하고 있습니다. 예수님은 산상설교의 한 중간인 6장에서 유대교의 대표적인 종교 행위, 곧 사람에게 보이려고 하는 잘못된 구제와 기도생활, 금식과 제물에 대한 생활들을 지적하시며 바른 기도에 대해서 가르쳐 주셨습니다.

누가복음의 주기도문은, 공생애 사역 후반에 예수님의 제자 중 하나가 예수님께서 기도하시는 모습을 보고 난 후에 '요한이 자기 제자들에게 기도를 가르쳐 준 것처럼 우리에게도 기도를 가르쳐 달라'고 요청하자, 예수님께서 "너희는 이렇게 기도하라" 하시며 기도를 가르쳐 주셨습니다.

그러므로 기도의 중심 내용은 같지만 문자적으로는 동일하지 않고 약간 차이가 있습니다. 여기에는 어떤 특수 자료에서 각각 전승 받아 기록을 했거나, 누가복음을 마태복음에서 첨가했을 가능성과, 마태복음의 주기도문은 누가복음에 의지하여 기록했을 가능성을 이야기합니다.

하지만 이는 마태와 누가가 예수님께 기도를 듣고 각각 기록한 것이므로, 기록할 때 서로의 관점과 상황에 따라 차이가 있다고 이해해도 무관할 것입니다.

사실 정확하게 어떻다고 말하기는 어렵습니다. 다만 말할 수 있는 것은, 우리는 교회에서 마태복음의 주기도문을 사용하고 있지만 누가복음의 주기도문도 같은 내용으로 중요성을 가지고 있다는 것입니다.

배경과 상황

예수님 당시에 유대교 안에는 바리새파, 에세네파 등 여러 분파 分派들이 있었습니다. 요한의 제자들과 여러 분파들은 자신들의 기도문을 가지고 있었을 뿐 아니라, 유대인들은 신앙고백을 뜻하는 신명기 6장 4-9절 민수기 15:37-41에 쉐마 Shema를 낭송하는 기도문과 아람어로 기록된 카디쉬 kaddish의 짧은 형태인 기도문을 가지고 있었습니다.

예배를 드리는 가운데 설교가 끝나면 이 기도문을 낭송하며, 오늘날도 회당에서 예배용으로 사용하고 있습니다.

〈카디쉬 기도문〉 The Kaddish Prayer

주께서 당신의 뜻을 따라 창조하신 세계에서, 주의 크신 이름이 찬양을 받고 거룩히 여김을 받으시오며, 주의 나라가 우리 생전에, 우리 날 동안에, 모든 이스라엘 집이 살아 있는 동안에, 빠르게 속히 임하옵시며, 주의 크신 이름이 영원부터 영원까지 찬양을 받으시리로다. 그리고 이것에 대하여, 아멘.

또한 '테필라 쉐모네 에스레'Tepillah, Shemone Esre라고 하는 '18번 축복 기도'가 있습니다. 하루에 세 번씩 하는 기도로, 아침에 일어나서 하고 오후가 시작되는 시간과 저녁이 시작되는 시간에 반드시 합니다.

<18번 축복 기도> Tepillah, Shemone Esre

1. 찬양 받으소서, 야훼시여, 아브라함의 하나님, 이삭의 하나님, 야곱의 하나님이시여, 지극히 크신 하나님, 하늘과 땅의 창조주, 우리의 방패요 선조들의 방패이십니다. 찬양 받으소서, 아브라함의 방패시여!

2. 당신은 용사이시며 강하신 분이시며, 죽은 자를 부활시키는 영원히 살아 계신 분이시며, 산 자를 기르시고 죽은 자를 살리시는 분이십니다. 찬양 받으소서, 야훼, 죽은 자를 살리시는 분이시여!

3. 당신은 거룩하시고, 당신의 이름은 두려우시며, 당신 외에는 신이란 없습니다. 찬양 받으소서, 야훼, 거룩하신 하나님이시여!

...

17. 야훼 우리 하나님이시여, 당신이 우리에게 행하신 모든 선함과 사랑에 대해 당신께 감사드리나이다. 찬양 받으소서, 지극히 선하신 야훼시여, 당신께 감사드리나이다!

<제사장의 축도>

18. 당신의 평화를 당신의 백성 이스라엘에게 주시고, 우리 모두를 항상 축복해 주옵소서. 찬양 받으소서, 평화를 만드시는 야훼시여!

이처럼 유대인들에겐 나름대로 하루에 세 번씩 정형화된 기도가 있는데도 제자들은 예수님께 기도를 가르쳐 달라고 요청한 것입니다.

초대교회에는 주기도문과 함께 '쉐마'와 '카디쉬' 기도문이나 '쉐모네 에스레'가 회당에서 함께 드려졌습니다. 유대인들은 예수님을 구주로 믿지 않고 이단시하였는데, 그들이 매일 기도하는 '쉐모네 에스레' 중에 12번 기도는 '나사렛 당원들과 이단자들은 빨리 망하게 하시고 생명책에서 지워지게 하시며, 그들이 의인들과 함께 기록되지 말게 하소서'라는 내용입니다. 이는 기독교인들뿐 아니라 교회 안에 이방인들이 들어오는 상황 속에서 유대교와의 공식적인 관계를 끊게 만들었습니다.

결국 이러한 시대적인 배경과 상황 속에서 교회는 예수님께서 "너희는 이렇게 기도하라" 하시며 가르쳐 주신 주기도문을 교회 공동체 안에서 자연스럽게 공식적으로 사용하게 되었습니다.

특별히 제자들이 예수님께 가르쳐 달라고 요청한 것은 예수님이 기도하시는 것이 지금까지 유대교 내에서 행한 기도와는 분명히 달랐기 때문입니다. 병자를 고치시고 죽은 자를 살리신 능력을 넘어설 뿐 아니라 하나님의 나라와 복음을 위하여 행하시는 모습 속에서 예수님의 영성을 배우고자 했던 열망에서 기도를 가르쳐 달라고 요구한 것입니다.

구조와 내용

예수님은 제자들이 일상생활에서 사용하고 있는 아람어로 기도를 가르쳐 주셨습니다. 마태복음의 주기도문은 57개 단어의 긴 문장으로 구성되었고 6개 청원이 들어 있습니다. 하나님의 이름을 부름과 6개 청원 안에는 '당신'과 '우리'라는 청원이 3개씩 들어 있습니다. 마지막 6번째 청원에서 "시험에 들게 하지 마시옵고"와 "악에서 구하시옵소서"를 나누어 7개 청원으로 말하기도 하지만 내용상은 동일한 개념에 속한 하나의 기도입니다.

누가복음의 주기도문은 37개 단어로 5개 청원이 들어 있는데, '당신'에 관한 2개와 '우리'에 관한 3개의 짧은 내용으로 되어 있습니다.

두 주기도문의 다른 점을 구체적으로 알아보겠습니다.
마태복음은 '하늘에 계신 우리 아버지'로 부르는 것과 4번째 청원에서 '오늘'과 '주시옵고'를 단순 과거 명령형으로 사용하고 있습니다. 그리고 5번째 청원에서는 죄를 '갚아야 할 부채나 빚'을 뜻하는 '오페일레마'opheilema를 사용하고 있으며, 송영도 마태복음에만 있습니다.

누가복음은 '아버지여' 부르는 것과 '날마다'와 '주옵시고'를 현재 명령형을 사용하고 있습니다. 죄에 대해서도 죄를 뜻하는 '하마르티아'hamartia란 현재형을 사용하고 있는데, 이것은 하나님 나라의 현재성과 종말론적 의미가 더욱 강화되었다는 부분에서 차이가 있습니다.

〈마태복음의 6개 청원〉

1. 하나님의 이름을 부름 - 하늘에 계신 우리 아버지여

2. '당신' 청원

① 당신 이름이 거룩히 여김을 받으시오며

② 당신 나라가 임하시오며

③ 당신 뜻이 하늘에서 이루어진 것같이 땅에서도 이루어지이다

3. '우리' 청원

① 오늘 우리에게 일용할 양식을 주시옵고

② 우리가 우리에게 죄지은 자를 사하여 준 것같이

　우리 죄를 사하여 주시옵고

③ 우리를 시험에 들게 하지 마시옵고 다만 악에서 구하시옵소서

4. 송영 – 나라와 권세와 영광이 아버지께 영원히 있사옵나이다

　　　　아멘

〈누가복음의 5개 청원〉

1. 하나님의 이름을 부름 – 아버지여

2. '당신' 청원

① 당신 이름이 거룩히 여김을 받으시오며

② 당신 나라가 임하시오며

3. '우리' 청원

① 우리에게 날마다 일용할 양식을 주시옵고

② 우리가 우리에게 죄지은 모든 사람을 용서하오니

　　우리 죄도 사하여 주시옵고

③ 우리를 시험에 들게 하지 마시옵소서

4. 송영 – 생략됨

주기도문의 내용은, 첫째는 하나님 나라에 대한 청원이고, 둘째는 우리에게 오는 축복의 청원으로 일용한 양식에 대한 청원, 죄 용서에 대한 청원이며, 시험에 들게 하지 말라와 악에서 구해 달라는 청원입니다.

즉, 주기도문은 마태복음 6장 33절 "그런즉 너희는 먼저 그의 나라와 그의 의를 구하라 그리하면 이 모든 것을 너희에게 더하시리라"는 말씀대로 하나님의 나라가 이루어지기를 구하면 다음의 세 가지 청원 일용할 양식, 죄 용서, 시험과 악에서 구해 달라 이 주어진다는 내용입니다.

행복한 사람들의 기도

주기도문은 우리에게 어떻게 기도해야 하는지를 말해 주고 있습니다. 우리들이 고백하는 기도의 내용은 예수님께서 제자들에게 가르쳐 주신 기도입니다. 기도의 내용을 깊이 있게 묵상하며 주님께서 가르쳐 주신 기도로 돌아가야 합니다. 그리하여 우리의 삶도 그 기도대로 점검하고 살펴서 바른 제자의 삶을 살아가야 할 것입니다.

첫째, 이렇게 기도하십시오.

예수님은 마태복음 6장 5-15절에서 기도의 동기, 기도의 장소, 기도의 방법에 대해서 말씀하고 있습니다.

기도의 동기에 대해서는 외식하는 자와 같이 하지 말라고 하십니다. 외식은 헬라어로 '휘포크리테스'hypocrites란 뜻인데 연극배우를 말합니다. '진짜같이 보이게 하다'라는 '휘포크리노마이'uJpokrivnomai에서 파생된 단어입니다. 그 당시의 유대인들인 서기관과 바리새인들은 사람들에게 보이려고 하루 세 번제3시, 제6시, 제9시 회당과 큰 거리 어귀에 서서 자신을 과시하였는데, 이처럼 변질된 모습으로 하지 말라는 것입니다. 자기 속에 있는 것을 감추고 종교적인 공로를 드러내기 위해서 밖으로 가면을 쓰고 연극하지 말라는 것입니다.

기도의 장소에 대해서는 골방에 들어가 기도하라고 하십니다. 기도할 때 회당과 큰 거리가 아니라 은밀한 중에 계신 아버지께 기도하라는 것입니다. 골방은 문자적인 장소의 개념이 아니라 하나님께만 집중하고 교통할 수 있는 곳을 말합니다.

기도의 방법으로는 이방인과 같이 중언부언하지 말라고 하십니다. 중언부언은 헬라어로 '바탈로게오'battalogeo로, 진실되지 않는 말을 반복적이고 형식적으로 늘어놓는 것을 말합니다. 한 가지 기도 제목을 반복하지 말라는 것이 아닙니다. 영혼이 담겨 있지 않은 무의미한 주문처럼 기계적인 말을 늘어놓지 말라는 것입니다.

우리는 기도할 때 유대인들의 외식하는 기도나 이방인들의 중언부언이 아닌 은밀한 중에 보시는 하나님께 집중할 수 있는 골방의 기도를 해야 합니다.

둘째, 하나님의 나라를 위하여 기도하십시오.

주기도문의 중심 내용은 하나님 나라입니다. 하나님 나라는 예수님께서 이 땅 가운데 오셔서 선포하신 복음의 핵심입니다. 예수님은 하나님의 나라를 이루기 위해서 이 땅 위에 오셔서 그 나라를 보여주셨고, 증명이 되었습니다. 예수님은 공생애 동안 현재적 영역에서 하나님 나라를 말씀하셨을 뿐 아니라 미래적 영역에서도 종말론적으로 이미 이 땅에 실현되었음을 말씀하셨습니다.

"아버지의 이름을 거룩하게 하시며"라는 청원은 하나님을 인간과 구별된 거룩하신 분으로 인정하고 창조주로 섬겨지기를 구하는 기도입니다. 즉 "거룩하게 하시며"는 하나님의 초월성을 뜻하며, 기도자가 삶을 통하여 하나님의 거룩하심이 나타내기를 원하고, 그 영광이 드러나도록 살아가겠다는 결단의 기도입니다.

"아버지의 나라가 오게 하시며"라는 청원은, 하나님의 나라가 어떤 장소나 시간의 개념이 아니라 하나님의 주권과 영광이 드러나는 모든 영역임을 말합니다. 그러므로 우리는 하나님의 다스림 안에 있는 자들로서 내 삶의 주도권을 하나님께 드리는 삶을 살아야 합니다. 하나님의 의가 드러나고 주인 되시는 그 자리가 하나님 나라가 이루어지는 곳입니다.

"아버지의 뜻이 하늘에서와 같이"라는 청원은 인간의 뜻이 아닌 하나님의 모든 계획과 섭리가 이루어지기를 기도한다는 것입니다.

하늘이 하나님이 다스리시고 그분의 통치가 완성된 곳이라면, 땅은 하나님의 통치가 온전히 이루어진 곳이 아닌 불완전한 상태라고 할 수 있습니다. 즉 하나님의 나라가 우리들이 살아가는 이 땅에서 하늘처럼 이루어지도록 기도하는 것입니다.

사도 바울은 로마서 14장 17절에 "하나님의 나라는 먹는 것과 마시는 것이 아니요 오직 성령 안에 있는 의와 평강과 희락이라"고 말씀하고 있습니다. 하나님 나라는 하나님께서 왕으로 통치하시고 말씀의 법으로 다스리는 의와 평강과 희락의 나라입니다. 예수님을 영접한 사람은 성령 안에서 성령의 통치를 받으며 성령의 법을 따라 살아가는 자들입니다.

우리는 하나님의 이름이 거룩히 여김을 받고, 하나님 나라와 하나님의 뜻이 이루어지도록 기도해야 합니다.

셋째, 하나님의 뜻을 따라 기도하십시오.

주기도문은 하나님 나라를 위한 청원에 이어서 우리들의 필요를 위한 청원으로 물질적 필요로 일용할 양식을 구하는 기도, 영적 필요를 위한 죄를 용서해 달라는 기도, 시험에 빠지지 않게 하시고 악에서 구해 달라는 기도로 되어 있습니다. 쉽게 말하면 '하나님, 필요한 양식을 주세요', '하나님, 용서하는 삶을 살게 해주세요', '하나님, 보호해 주세요'라는 청원으로, 사람에게 절대적이고 근본적인 문제들의 기도입니다.

우리들은 기도할 때 '일용할 양식을 구하는' 청원을 해야 합니다. 일용할 양식을 구하는 것은 자기 절제가 포함되어 있습니다. 헬라어의 '에피우시온' ejpiouvsion 을 번역한 '일용할'은 '생존을 위한', '매일 필요한'입니다. 직역하면 '오늘날 우리가 존재하기 위한 우리의 양식을 주옵소서'입니다.

즉 "일용할 양식을 주시고"라는 청원은 단지 음식만으로 한정된 기도가 아니라 날마다 삶의 필요한 모든 것을 공급해 달라는 기도입니다. 좀 더 넓은 의미에서 의식주衣食住뿐만 아니라 좋은 사회, 정부, 복지와 의료 혜택, 평화와 국가 등도 포함한다고 할 수 있습니다.

'우리 죄를 용서해 달라'는 청원은, 우리가 죄를 지을 수밖에 없는 죄인으로서 용서받아야 할 존재임을 알고, 용서하시는 하나님으로부터 용서받음같이 용서하며 살아야 한다는 기도입니다. 용서는 하나님의 자녀 된 자의 의무이자 특권입니다.

"우리를 시험에 빠지지 않게 하시고 악에서 구하소서"라는 청원은, 시험과 유혹이 올 때 죄의 본성에 따라 이끌리지 않게 해 달라는 기도와 악의 영향력으로부터 보호해 달라는 기도입니다. 또한 하나님이 원하시는 바른길을 가겠다는 결단과 함께 하나님께서 모든 악을 제거하실 것을 확신하며 드리는 고백입니다.

우리들의 기도는 우리를 향한 하나님의 뜻을 따라 일용할 양식을 구하고, 죄 용서와 시험과 악에 빠지지 않고 거룩한 길을 갈 수 있기를 간구하는 기도여야 합니다.

넷째, 삶으로 기도하십시오.

제1차 세계대전에 참전하여 다리를 다친 한 젊은이가 있었습니다. 그의 소원은 수도사가 되는 것이었습니다. 그래서 여러 번 응시를 했으나 낙제하고 말았습니다. 그래서 할 수 없이 수도사 대신에 수도원의 요리사로 들어갔습니다. 그는 비록 요리사로서 수도원에 들어갔지만 하나님께 깊은 감사를 드렸습니다.

수도사들이 열심히 공부하고 수도할 때 그들을 위해 부엌에서 열심히 요리를 만들었습니다. 시장에 가서는 "주님, 도와주셔서 가장 싸고 영양 많은 음식 재료를 구입해서 수도사들의 건강을 돕게 하여 주옵소서" 하고 기도하면서 장을 보았습니다.

설거지를 할 때는 "주님, 그릇들이 깨끗하게 되는 것처럼 그리스도의 보혈로 저를 깨끗하게 씻어 주옵소서"라고 기도하고, 불을 피우면서는 "주님, 활활 타오르는 저 불처럼 내 삶에 성령의 불이 활활 타오르게 하여 주옵소서"라고 기도했습니다. 이렇듯 일상생활의 모든 일에 주님께 기도했습니다.

세월이 지나고 그 수도원의 새 원장이 정해졌습니다. 그런데 새 원장은 수도사가 아니라 그곳의 요리사였습니다. 요리사로서 일상에서 무시로 하는 기도를 통해서 시간을 정해 놓고 기도한 수도사들보다 더 하나님과 가까워졌기 때문입니다.

우리의 기도는 교회 골방에서만 드려지는 것이 아니라 일상의 삶 속에서 숨 쉬는 것처럼, 시작도 끝도 없이 흘러가는 강물처럼 멈추지 않아야 합니다.

에이든 윌슨 토저 Aiden Wilson Tozer, 1897.4.21~1963.5.12 목사님은 미국의 대표적인 복음주의 목회자 중 한 분으로, 40여 권의 책을 쓰며 교회의 부패한 현실을 비판하고 인기에 영합하지 않아 이 시대의 예언자라는 평을 받습니다.

목사님은 기도에 대해서 "기도는 그 사람을 결정짓는다"라고 말합니다. 기도는 신앙적 인격과 성숙함이 드러나는 믿음의 현주소라는 것입니다. 즉 기도가 그 사람을 결정짓고 그 사람의 미래를 결정짓는다는 것입니다.

결론적으로, 우리는 예수님이 가르쳐 주신 기도를 배우면서 형식적이고 의식화되어 버린 의미 없는 기도의 자리에서 우리의 기도를 수정해 나가며 바른 기도를 할 수 있어야 합니다.

예수님은 유대인이나 이방인같이 하나님의 뜻을 벗어난 왜곡

된 기도가 아니라, 하나님의 나라와 의를 위하여 주의 뜻이 이루어지도록 하는 기도를 하라고 말씀하십니다.

주기도문의 기도가 삶이 되어서 하나님 나라의 아름다운 꽃을 활짝 피울 수 있기를 소망합니다.

기도의 문

"하늘에 계신 우리 아버지"

창문 열기

"하늘에 계신 우리 아버지"로 시작하는 주기도문은 기도자의 자세와 존재 가치를 말해 주고 있습니다. '하늘에 계신'이란 하나님이 초월적인 존재로서 온 세상을 창조하시고 주관하시며 다스리시는 분으로 고백하는 것입니다. '우리'의 고백은 모든 사람을 사랑하시는 공평하신 하나님이심을 뜻합니다. '아버지'의 고백은 아버지로서 돌보시고 내 영혼까지 책임져 주시는 분으로 전적인 의지와 순종을 가지고 경외하며 찬양을 드리는 부름입니다.

하늘에 계신 우리 아버지

하늘에 계신

예수님은 하나님을 하늘에 계신 분으로 가르쳐 주고 계십니다. 성경에서 '하늘' 하면 두 가지 의미가 있습니다.

첫째는, 하나님께서 지으신 해와 달과 별들이 있는 우주 공간을 말합니다.

> 시편 8편 3절
> "주의 손가락으로 만드신 주의 하늘과
> 주께서 베풀어 두신 달과 별들을
> 내가 보오니."

즉 창세기에서 말씀하고 있는 궁창으로, 우리가 이 땅에서 바라보는 대기권의 창공인 하늘sky을 말합니다.

둘째는, 하나님의 나라인 하늘Heaven을 말합니다. 요한계시록 21장 1절에 "또 내가 새 하늘과 새 땅을 보니 처음 하늘과 처음 땅이 없어졌고 바다도 다시 있지 않더라" 말하고 있습니다. 여기에서 새 하늘은 우주 공간이 아니라 천국을 말합니다. 장소나 거처가 아니라 하나님께서 지으신 모든 것을 포함하고 넘어선 하나님의 영역을 가리킵니다.

느헤미야 9장 6절
"오직 주는 여호와시라
하늘과 하늘들의 하늘과 일월 성신과
땅과 땅 위의 만물과 바다와
그 가운데 모든 것을 지으시고 다 보존하시오니
모든 천군이 주께 경배하나이다."

하나님은 초월적인 존재로 온 세상을 창조하시고 주관하시는 주인이십니다. '하늘에 계신'은 하나님의 존재와 섭리가 없는 곳 없이 어디에나 계신 무소부재無所不在하신 하나님의 절대성과 영원성을 고백하는 것입니다.

그러므로 '하늘에 계신'이란, 하나님이 천지만물을 창조하시고 세계의 전 영역을 주관하며 다스리심에 대한 고백입니다. 또한 나를 존재하도록 창조하신 하나님께 내 삶을 온전히 맡기고 살아간다는 고백의 부름입니다.

우리는 인류 역사를 주관하시고 내 삶의 주인 되시는 하나님을 경외하고 찬양하며 겸손함으로 기도해야 합니다.

우리 아버지

예수님은 하나님을 '우리 아버지'로 부르도록 가르쳐 주고 계십니다. 예수님께서 나의 아버지가 아닌 우리 아버지로 가르쳐 주신 것은, 하나님께서 나만이 아니라 모든 인류를 사랑하고 계심을 고백하게 하신 것입니다. 내 주변의 형제자매와 이웃들이 같은 자녀임을 고백하는 것입니다. 즉, 하나님은 어느 특정한 인종이나 민족과 계층의 아버지가 아니라 모든 사람을 사랑하시는 공평하신 하나님이 되십니다.

그러므로 믿음의 사람들에겐 예수 그리스도 안에서 한 가족 공동체로서 서로를 용서하고 사랑을 나누며 살아야 할 책임과 의무가 주어집니다.

또한 예수님께서 하나님을 아버지라고 말씀하시는 것은 하나님께서 나를 지으시고 돌보시며 인도하시는 분이기 때문입니다.

신명기 32장 6절
"어리석고 지혜 없는 백성아 여호와께 이같이 보답하느냐
그는 네 아버지시요 너를 지으신 이가 아니시냐
그가 너를 만드시고 너를 세우셨도다."

요한복음 1장 12절
"영접하는 자 곧 그 이름을 믿는 자들에게는
하나님의 자녀가 되는 권세를 주셨으니,"

하나님은 예수 그리스도 안에서 우리의 아버지가 되십니다. 아버지와 아들의 관계는 서로에 대해서 너무나 잘 알고 있음이 전제된 관계이고, 아버지는 자녀의 필요를 아시는 분입니다.

우리는 기도할 때 아버지에게 신뢰와 사랑으로 청원하면 됩니다. 우리의 기도는 듣고 응답하시는 아버지께 하는 것입니다.

마태복음 7장 9-11절에서 "너희 중에 누가 아들이 떡을 달라 하는데 돌을 주며 생선을 달라 하는데 뱀을 줄 사람이 있겠느냐 너희가 악한 자라도 좋은 것으로 자식에게 줄 줄 알거든 하물며 하늘에 계신 너희 아버지께서 구하는 자에게 좋은 것으로 주시지 않겠느냐" 했습니다.

하나님은 언제나 우리에게 아버지로서 좋은 것을 주시기 원하십니다. 우리가 구하지 않는 것은 하나님을 아버지로 인정하

지 않고 신뢰하지 않기 때문입니다. 우리는 내가 구하는 삶의 모든 것에 가장 좋은 시점에서 좋은 것으로 채워 주시는 아버지이심을 알고 구하면 됩니다.

이 본문을 누가복음 11장 13절에서는 "구하는 자에게 성령을 주시지 않겠느냐"라고 말씀합니다. 성령은 삼위일체 하나님이신 예수님 그 자신입니다. 즉 아버지 하나님은 자신의 생명까지 내어 주시는 분입니다.
그러므로 우리의 기도는 자신의 생명을 주신 아버지에게 청원하는 것입니다. 하나님은 나를 창조하시고 보호하시며 돌보시는 분으로서 영원토록 함께 하시는 아버지가 되십니다.

우리가 "하늘에 계신 우리 아버지"라고 고백하는 가운데 더욱 사랑과 은혜를 깊이 경험하고 친밀한 교제와 만남이 이루어지기를 소망합니다.

〈아빠 아버지〉

'아빠'는 아버지와 어린 자녀의 관계에서 자녀가 그 사랑에 전적으로 의존하고 친밀한 관계로 표현하는 명칭입니다. 예수님은 기도하실 때 언제나 "아빠 아버지여"마가복음 14:36로 부르셨고, 십자가에서 죽으실 때만 감히 '아버지'라고 부를 수 없어 '나의 하나님'이라고 하셨습니다.

당시 아람어로 '아바'abba는 우리말의 '아빠'와 같은 표현입니다. 유대인들은 하나님을 '주'라고 불렀기 때문에 예수님이 '아빠'라고 부르신 것은 혁명적이고 하나님의 신성을 모독하는 호칭이었습니다. 사실 예수님은 하나님의 아들이셨기에 '아빠'라고 부르셨고 제자들에게도 그렇게 부르도록 가르치셨습니다.

사도 바울도 갈라디아서 4장 6절에서 하나님을 "아빠 아버지라 부르게 하셨느니라"라고 말씀하고 있습니다.

예수님은 하나님을 새로운 관계 속에서 만나도록 아빠로 바꾸셨습니다. 우리는 어린아이의 마음으로 하나님을 아빠로 불러서 친밀함 속에서 그 크신 사랑을 더 깊이 경험하며 더 가까이 다가갈 수 있어야 합니다.

〈어머니 하나님〉

여성 신학자들 중에는 '아버지 하나님'을 '어머니 하나님'으로 표현하는 사람도 있습니다. 사실 성경에는 남성 중심적인 표현이 주류主流를 이루지만 어머니적인 표현들도 있습니다. 얼마든지 표현할 수 있는 부분이지만 잘못하면 문제와 혼란으로 본질적인 뜻을 훼손할 수 있습니다. 이 부분은 남녀평등의 문제보다 정치·문화적인 편견과 작용의 문제라고 할 수 있습니다.

성경을 그대로 수용하고 인정하는 것이 성경을 보며 해석하는 데 있어서 바른 방향이라고 생각됩니다.

행복한 사람들의 기도

"하늘에 계신 우리 아버지"라는 부름은 기도자의 자세와 관계뿐 아니라 존재 가치를 말해 주고 있습니다. 우리는 하늘에 계신 하나님을 믿고 전적인 의존과 순종으로 하늘의 영광을 볼 수 있어야 합니다. 또한 한 아버지를 섬기는 자녀 된 가족 공동체로 사랑을 나누어야 합니다. 더 나아가서 우리는 기도를 통하여 자녀로서의 신뢰와 친밀함으로 하나님께 영광을 돌려야 합니다.

첫째, 하늘을 보는 영혼의 망원경을 가지고 사십시오.

우리의 기도는 하늘에 계신 하나님의 영광을 바라볼 수 있는 기도가 되어야 합니다.

아이작 뉴턴 경 Sir Isaac Newton, 1643.1.4~1727.3.31은 영국의 북부 울스토르프에서 유복자로 태어났습니다. 젊은 나이에 죽은 그의 아버지는 작은 농가에 살던 지극히 평범한 농민이었습니다.

뉴턴은 '근대 과학의 아버지'라고 불리며, 유명한 만유인력의 법칙을 발견한 물리학자이자 천문학자요 미적분을 창시한 수학자로서, 인류 역사상 가장 영향력 있는 사람들 가운데 한 명으로 꼽히는 인물입니다.

뉴턴은 실용적 반사망원경을 제작했고, 프리즘이 흰 빛을 가시광선으로 분리시키는 스펙트럼을 관찰한 결과를 바탕으로 빛에 대한 이론도 발달시켰습니다. 또한 그는 실험에 의거한 뉴턴의 냉각 법칙을 발명하고 음속에 대해서 연구했으며, 뉴턴 유체의 개념을 고안하였습니다.

동시에 그는 믿음의 후배들에게 아름다운 본을 보인 위대한 하나님의 사람이었습니다. 삶이 힘들고 어려울 때마다 늘 골방에 들어가 기도함으로써 새 힘을 얻었다고 합니다. 그가 이런 고백을 했습니다.

"나는 과학자로서 늘 천체망원경을 통해서 하늘의 별들을 관찰합니다. 그러나 동시에 나는 자주 골방에 들어가 천지를 지으신 하나님 앞에 무릎을 꿇습니다. 그러면 세상 그 어떤 망원경으로도 볼 수 없는 하늘의 영광을 보게 됩니다. 기도는 보이지 않는 세계를 보게 하는 내 영혼의 망원경입니다."

우리는 뉴턴이 고백한 보이지 않는 세계를 바라볼 수 있는 영혼의 망원경을 가지고 있습니까? 힘들고 어려울 때 올려다보며 하늘의 영광의 빛 가운데 비추어 주시는 희망과 용기를 얻는 영혼의 망원경을 가져야 합니다. 혹시 그동안 너무 사용하지 않아서 고장이 나지는 않았습니까? 언제나 기도로 영혼의 망원경을 점검하며 하늘의 영광을 바라볼 수 있기를 소망합니다.

둘째, 우리는 하나님의 가족 공동체임을 아십시오.

하나님을 '우리 아버지'라고 부르는 것은 우리 모두의 아버지가 되신다는 말입니다. 모든 인류는 하나님의 자녀로 하나님을 한 아버지로 섬기는 형제요 자매임을 기억하고, 서로의 다양성을 인정하고 개인주의가 아닌 우리 의식을 가지며 서로 사랑의 공동체를 이루어야 합니다.

우리나라의 역사 가운데 조선은 유교라는 성리학적 계급 문화를 기반으로 하여 세워졌습니다. 조선 사회의 초기 법적인 신분제도는 양천제良賤制로 양인과 천민, 두 계급으로 나누었습니다. 당시 양반 문반과 무반은 조선 왕조의 건국에 공헌한 사람들로 주요 관직을 차지하며, 그 보상으로 품계와 관직의 독점권으로 부귀를 얻은 자들이었습니다. 천민들은 그들의 권력과 토지에 매여 천시받으며 살았습니다.

조선 중기에 양인 계급은 양반, 중인, 상민평민으로 분화되었고 천인은 노비를 비롯하여 8천민 노비-개인비서, 승려-목사, 무당-무당, 광대-연예인과 가수, 상여꾼-장의사, 기생-술집 운영이나 접대부, 공장-대장장이로 인간문화재, 백정-정육점 주인으로 계급사회가 구성되어, 부모가 노비이면 자식도 노비가 되어 인간 이하의 취급을 받으며 살았습니다.

이러한 시대적 상황 속에서 1784년에 천주교가 기독교보다 100년 일찍 들어왔습니다. 당시는 천주교를 '서학'이라고 했는데, 서학西學은 천주교 신앙이 담긴 종교서와 과학 기술을 소개한 과학서로 나누어져 있습니다.

천주교는 신분, 계급과 상관없이 누구든 하나님의 자식이기 때문에 모두가 형제와 자매와 같이 지내야 함을 강조하고 신분 사회를 흔들었습니다. 남녀평등사상을 주장하는 가운데 전통적 사회 기반을 흔들었던 것입니다. 또한 제사 문제를 우상 숭배로 보고 거부하면서 수많은 순교자를 낳았습니다.

결국 서학은 조선 시대 사회적 기반을 흔드는 사악한 술법이고 오랑캐의 풍속으로 단죄를 받게 됩니다. 천주교는 신유박해1801년, 기해박해1839년, 병오박해1846년, 병인박해1866~1873년 등 4대 박해를 받으면서 조선 천주교 신자 2만여 명 가운데 1만여 명이 순교하였지만 신앙을 굽히지 않았습니다.

또한 한국 기독교 역사 초기에 많은 선교사들은, 백정과 가난하고 억눌린 백성들을 전도하고, 예수님 안에서 양반과 천민은 구별이 없이 한 형제자매임을 가르치며 함께 예배를 드리게 했습니다. 대표적인 교회가 1893년 6월 사무엘 무어 목사에 의해 설립된 승동교회전 곤당골 교회입니다. 양반과 천민이 함께 승리하는 교회가 되어야 한다고 세워져, 현 서울 종로구 인사동길 7-1에 지금까지 자리하고 있습니다.

전북 김제시에 있는 금산교회를 설립한 조덕삼 장로1867~1919년와 이자익 목사1879~1959년의 이야기는, 양반과 천민의 신분 차와 봉건적 유교 문화를 뛰어넘어 성경적인 신앙과 섬김의 삶이 무엇인가를 보여주고 있습니다.

조덕삼 장로는 용화마을의 유지였고, 이자익 목사는 그의 집에서 마부로 일하던 머슴이었습니다. 1904년 봄, 말을 타고 전주에서 정읍을 왕래하며 복음을 전하던 루이스 테이트 선교사는 중간 지점인 용화마을에 머물곤 했습니다. 그는 당시 사교邪

敎의 고장이던 김제에 교회를 세우고 싶었습니다.

그날도 용화마을의 제일가는 부자였던 조덕삼의 집 마당에 말을 맡기고 하룻밤을 묵었습니다. 테이트 선교사를 오랫동안 지켜봐 온 조덕삼은 "그렇게 살기 좋은 당신의 나라를 포기하고 이 가난한 조선 땅에 왜 왔습니까?" 물었습니다. 테이트 선교사는 "하나님의 특별한 사랑 때문입니다"라고 화답했습니다. 유교 정신에 투철한 보수 집안의 조덕삼은 헌신적인 삶을 살기로 작정한 테이트 선교사의 용기에 감동하였고, 이후 사랑채를 내어 예배를 드리도록 했습니다. 이것이 금산교회의 출발입니다.

경남 남해에서 태어난 이자익은 17세 때 조덕삼을 만났습니다. 6세 때 부모님을 잃고 소학교도 제대로 다니지 못한 그는 허기진 배를 채우기 위해 고향인 남해를 떠나 걸어 걸어서 김제 금산까지 왔습니다. 첫눈에 이자익의 영특함을 알아본 조덕삼은 그를 마방의 마부로 일하도록 했고, 머슴이지만 아들 조용호와 함께 공부할 수 있도록 배려했으며, 신앙생활도 같이하도록 했습니다.

조덕삼과 이자익이 함께 믿음을 키운 지 3년이 되던 1907년 금산교회는 장로 장립 투표를 했습니다. 공교롭게도 두 사람이 후보에 올랐습니다. 신분 체계와 분화가 뚜렷했던 그 시절에 주인과 종이 경쟁한다는 것은 상상도 할 수 없었습니다. 그런데 투표 결과는 이자익이 주인을 누르고 장로로 선출되었습니다. 술렁이는 성도들을 향해 조덕삼은 겸손히 말했습니다.

"우리 금산교회 성도들은 참으로 훌륭한 일을 해냈습니다. 저희 집에서 일하는 이자익 영수_{장로보다 낮은 직분으로 교회의 살림과 행정, 설교를 맡아서 함}는 저보다 신앙의 열의가 대단합니다. 그를 뽑아 주셔서 참으로 감사합니다."

이자익은 장로가 된 뒤 테이트 선교사를 대신해 교회 강단에서 설교했고, 조덕삼은 교회 바닥에 꿇어앉아 그의 말씀을 들었습니다. 집에서는 이자익이 조덕삼을 주인으로 성실히 섬겼습니다. 조덕삼은 자신의 종을 장로로 섬겼을 뿐만 아니라, 그가 평양에서 신학 공부를 할 수 있도록 모든 지원을 아끼지 않았습니다.

조덕삼은 그로부터 3년 뒤 비로소 장로가 되었습니다. 그리고 교회를 신축할 수 있도록 자신의 땅을 헌납했습니다. 이 교회는 'ㄱ'자 모양으로 지어졌고, 지금은 전북 문화재 136호로 지정되어 있습니다.

이자익은 신학교를 졸업하고 목사가 되어 1915년 금산교회

2대 담임목사로 부임했습니다. 당시 조덕삼은 이자익을 담임목사로 청빙하고자 적극적으로 나섰습니다. 조덕삼은 이자익을 정성으로 섬겼고, 많은 이들로부터 존경을 받았습니다. 이자익 역시 사랑으로 성도들을 돌보았고, 교단에서 세 번씩이나 총회장을 지내는 한국교회사의 거목으로 이름을 남겼습니다.

김제 금산교회는 그 당시 남녀가 유별하여 서로 얼굴을 볼 수 없고 앞에 있는 목사만 볼 수 있도록 'ㄱ'자 모양으로 지어졌습니다. 들어오는 곳도 다릅니다.

이러한 기막힌 역사를 지나면서 하나님을 우리 아버지라고 부르는 고백 안에 한 형제자매의 깊은 의미를 가지고, 많은 사람들이 희생하고 어려움 속에서 교회 공동체가 여기까지 왔습니다. 하나님을 아버지로 섬기면 그 아버지 안에 있는 모든 자녀들은 평등합니다. 모두 다 한 아버지를 섬기는 형제와 자매로 우애를 나누어야 합니다.

우리는 하나님을 아버지라고 부르는 순간 인간적인 모든 것들을 떠나서 그리스도 예수 안에서 한 형제자매인 것입니다. 믿음 안에 한가족이 되는 것입니다. 우리라는 고백 속에서 새로운 인격적인 관계를 이루어가며 성숙한 신앙인이 되어야 합니다.

셋째, 아버지의 자녀 됨을 감사하십시오.

미국 테네시 주의 한 작은 마을에서 1870년 10월 13일에 벤 후퍼Ben Hooper라는 아이가 태어났습니다. 그는 작은 체구에 아버지가 누구인지 모르는 가운데 성장했습니다. 사실 그의 생부는 르무엘 후퍼 박사였고, 생모는 사라 와드Sarah Wade였습니다. 하지만 후퍼는 혼외결혼으로 태어나 출생 신고를 할 수 없었습니다. 그의 엄마는 아기를 데리고 여러 도시를 전전하며 이사를 다녔고, 마지막 세 번째 도시 녹빌에서 감독교회가 운영하는 성 요한 고아원에 아이를 맡겼습니다.

마을의 어른들은 자기 자녀들이 벤 후퍼와 함께 노는 것을 원치 않았습니다. 친구들도 그를 놀리며 멸시하였습니다. 벤 후퍼가 열두 살이 되었을 때 마을 교회에 젊은 목사님이 부임해 오셨습니다.

벤 후퍼는 교회에 가본 적이 없었지만, 그 젊은 목사님이 가는 곳마다 분위기가 밝아지며 사람들이 격려를 받는다는 소문을 듣고 교회에 가보고 싶었습니다. 그래서 그는 예배 시간에 좀 늦게 예배당에 들어가 맨 뒷자리에 앉아 있다가 축도 시간이 되면 아무도 모르게 살짝 빠져나오곤 했습니다.

몇 주가 지난 어느 주일, 벤 후퍼는 목사님의 설교에 너무나 깊은 감명을 받았습니다. 잠시 감동에 젖어 있는 사이에 예배가 끝나 사람들이 밖으로 나가고 있었습니다. 벤 후퍼도 사람들 틈에 끼어 나오면서 목사님과 악수를 하게 되었습니다. 목사님은 벤 후퍼를 보고 "네가 누구 아들이더라?" 하고 물었습니다. 사실 그는 아버지가 누구인지도 모르는 사생아인데 말입니다. 갑자기 주변이 조용해졌습니다. 그때 목사님은 환한 얼굴로 벤 후퍼에게 말했습니다.

"그래, 네가 누구 아들인지 알겠다. 너는 네 아버지를 닮았기 때문에 금방 알 수 있어! 너는 하나님의 아들이야! 네 모습을 보면 알 수 있거든!"

당황하여 빠져 나가는 벤 후퍼의 등 뒤에서 목사님이 그에게 말했습니다.
"하나님의 아들답게 훌륭한 사람이 되어야 한다!"
세월이 흘러 벤 후퍼는 법대에 진학해서 변호사가 되고 주지사가 되었습니다. 두 번이나 재선에 성공했으며, 상원의원으로도 두 번 임기를 마쳤습니다.
주지사 벤 후퍼는 다음과 같이 말했습니다.

"그때 그 목사님을 만나서 내가 하나님의 아들이라는 말을 듣던 그날이 바로 테네시 주 주지사가 태어난 날입니다."

우리가 하나님의 자녀가 되는 것은 세상에서 최고의 선물이고 하늘 문을 여는 축복의 통로입니다. 그리고 하나님의 자녀 됨은 하나님의 주권적 영역입니다. 전적인 주권으로 구원하신 그 은혜에 감사할 뿐입니다.

그러므로 나에게 임하신 구원의 은혜에 하나님께 감사와 영광을 돌리는 인생이 되어야 합니다. 감사하는 마음은 비옥한 흙을 가진 땅이고, 감사는 나의 인생을 경영하는 비법입니다. 하나님은 나에게 생명을 주시고, 내 삶을 돌보시며 인도하시는 아버지가 되십니다. 미래를 주관하시고 영혼까지 책임져 주십니다.

우리 모두가 하늘에 계신 우리 아버지로 부를 수 있도록 하나님께서 자녀 삼아 주심에 감사를 드리며, 자녀다운 삶으로 아름다운 꽃을 피울 수 있기를 바랍니다.

주기도문
행복한
사람들의 기도

첫 번째 청원

"아버지의 이름을
거룩하게 하시며"

창문 열기

"아버지 이름을 거룩하게 하시며"란 청원에서 '이름'은 스스로 존재하시는 하나님 자신을 의미합니다. "거룩하게 하시며"란 하나님의 초월성을 말하는 단어로 기도자가 삶을 통하여 하나님의 거룩하심을 나타내고, 그 영광을 드러내며 살아가겠다는 결단의 기도입니다. 즉 "아버지 이름을 거룩하게 하시며"란 기도는 거룩하신 하나님과 기도하는 자신을 위한 기도입니다.

아버지의 이름을 거룩하게 하시며

아버지의 이름을

마태복음과 누가복음의 주기도문 본문은 '이름을 거룩하게 하시며' 앞에 원어에 나오는 '당신'You이란 단어가 빠져 있습니다. 우리말 번역에서 빼버린 것입니다. 영어식 표현으로 '당신'이라는 말은 누구에게나 쓰이지만, 우리나라의 정서에서는 자기보다 높은 위치에 있는 사람에게는 쓰지 않기 때문입니다.

현재 주기도문은 하나님 나라에 대한 청원인 "이름을 거룩하게 하시며", "나라가 오게 하시며", "뜻이 하늘에서와 같이" 앞에는 '당신'을 빼고 '아버지'란 단어를 넣어서 고백하고 있습니다.

'아버지'에 이어 '이름'이란 단어가 나오는데, '이름'은 당사자로서 그 사람의 인격과 권위를 포함합니다. 곧 그 사람 자체를 말합니다. 주변의 사람들을 보면 그 이름과 인격이 전혀 다르게 이중적으로 살아가는 사람들이 많습니다. 그러나 하나님은 이름 자체가 그분의 인격이고 권위이며 자신이십니다.

하나님의 '이름'은 "하늘에 계신"의 고백과 같이 천지만물을 창조하시고, 세계 모든 영역을 주관하며, 내 삶의 주인 되시는 하나님을 대변합니다. 하나님은 자신의 이름을 '스스로 있는 자'라고 말씀하십니다.

> 출애굽기 3장 14-15절
> "하나님이 모세에게 이르시되 나는 스스로 있는 자이니라
> 또 이르시되 너는 이스라엘 자손에게 이같이 이르기를
> 스스로 있는 자가 나를 너희에게 보내셨다 하라
> 하나님이 또 모세에게 이르시되
> 너는 이스라엘 자손에게 이같이 이르기를
> 너희 조상의 하나님 여호와 곧 아브라함의 하나님,
> 이삭의 하나님, 야곱의 하나님께서
> 나를 너희에게 보내셨다 하라
> 이는 나의 영원한 이름이요 대대로 기억할 나의 칭호니라."

하나님은 '스스로 있는 자'로서 영원히 존재하시는 분으로 자신을 말씀하셨고, 그 외에도 구약성경에서 여러 이름으로 자신을 계시하셨습니다.

〈하나님의 이름〉

야훼히브리어, Yahweh: 스스로 계시는 하나님 출 3:14

엘로힘Elohim: 전능하신 하나님 창 1:1

아도나이Adonai: 주가 되시는 하나님 출 4:10-12

여호와 이레Jehovah Jireh: 준비해 주신 하나님 창 22:14

여호와 라파Jehovah Rapha: 치료의 하나님 출 15:26

여호와 닛시Jehovah Nissi: 승리가 되시는 하나님 출 17:15

여호와 샬롬Jehovah Shalom: 평강의 하나님 삿 6:24

여호와 사바오트Jehovah Sabaoth: 만군의 하나님 시 46:7

여호와 치드케누Jehovah Tsidkenu: 의가 되신 하나님 렘 23:6

여호와 로이Jehovah Rohi: 목자가 되시는 하나님 시 23:1

여호와 삼마Jehovah Shamma: 거기에 계신 하나님 겔 48:45

엘 샤다이El Shadday: 모든 것을 충족케 하시는 하나님 창 17:1-12

엘 올람El Olam: 영원하신 하나님 사 40:28

다윗은 시편 8편 1절에서 "여호와 우리 주여 주의 이름이 온 땅에 어찌 그리 아름다운지요 주의 영광이 하늘을 덮었나이다"

라고 고백하고 있습니다. 우리는 하나님의 이름 앞에 내 삶을 통하여 경외하며 그 존귀한 이름이 높임 받으시도록 무릎 꿇을 수 있어야 합니다.

주기도문에서 하나님의 이름으로 청원하는 것은 모든 기도의 시작이 하나님의 이름으로 되어야 함을 가르치고 있는 것입니다.

거룩하게 하시며

히브리어 '카도쉬'Kadosh는 '거룩'이란 단어로 '구별하다', '성스럽고 위대하다'라는 뜻을 가지고 있습니다. 하나님은 피조물과 전적으로 다른 분이시라는 뜻입니다.

우리가 거룩하신 하나님이라고 고백하는 것은, 하나님의 초월자 되심을 인정하고 하나님의 초월성을 믿는다는 의미입니다. 우리는 간혹 존경하는 사람들에게 '거룩한 사람'이나 '성자'라는 표현을 씁니다. 그 사람이 하나님의 거룩한 힘에 이끌리거나 사로잡혀 살아가는 모습을 보고 하는 말입니다.

주기도문은 "이름을 거룩하게 하시며"라고 되어 있는데, 언뜻 생각하면 '하나님에게 이름을 거룩하게 하라'로 오해할 수 있습니다. 그러나 성경 본문에 주기도문의 내용은 이해하기 쉬운 표현으로 "이름이 거룩히 여김을 받으시오며"라는 수동형으로 되어 있습니다. 이것은 "하나님을 거룩한 분으로 여기게 하소서"라는 고백이며, 나의 모든 삶을 통해서 하나님의 거룩하심이 나타나기를 원하는 청원입니다. 기도하는 사람이 '하나님의 이름을 거룩히 여기겠다'라는 능동적인 결심입니다. 여기에는 기도하는 자신이 거룩함을 드러내겠다는 뜻이 내포되어 있습니다.

하나님은 스스로 거룩하신 분이기에 더 이상 거룩하게 할 수가 없습니다. 이미 거룩하신 분이므로 그 거룩하심이 손상되지 않고 영광 받게 하는 의무가 기도자에게 있습니다.

이사야 6장 3절에 "거룩하다 거룩하다 거룩하다 만군의 여호와여 그의 영광이 온 땅에 충만하도다"라고 말씀하고 있습니다. 하나님은 거룩하심으로 그 영광이 드러나게 해야 합니다.

더 나아가 하나님께서 우리를 자녀 삼으신 것은 거룩함으로 하나님 앞에 머물게 하시기 위함입니다.

데살로니가전서 5장 23절
"평강의 하나님이 친히 너희를 온전히 거룩하게 하시고
또 너희의 온 영과 혼과 몸이
우리 주 예수 그리스도께서 강림하실 때에

흠 없게 보전되기를 원하노라."

하나님은 우리가 거룩한 삶을 살아가기를 원하고 계십니다. 히브리서 10장 10절에 "이 뜻을 따라 예수 그리스도의 몸을 단번에 드리심으로 말미암아 우리가 거룩함을 얻었노라" 말씀하고 있습니다. 우리는 예수님의 보혈로 거룩함을 얻은 자로 거룩한 삶을 살아가야 합니다. 이 기도는 하나님을 위한 기도이며, 기도하는 자신을 위한 기도입니다.

행복한 사람들의 기도

우리는 하나님의 이름이 존귀함을 받도록 합당한 삶으로 영광 올려 드리는 존재라는 인식을 가지고 살아야 합니다. 또한 거룩은 하나님 닮음이라고 할 수 있습니다. 그런 의미에서 '아버지의 이름'과 '거룩'이란 분리할 수 없는 하나의 단어라고 볼 수 있습니다. 우리는 세상과 다르게 구별된 거룩한 존재로 살아가야 합니다.

첫째, 하나님의 이름을 더럽히지 마십시오.

우리는 하나님의 이름을 존귀하게 불러야 하고, 그 이름의 영광이 되는 거룩한 삶을 살아가야 합니다. 십계명의 제3계명에 "너는 네 하나님 여호와의 이름을 망령되게 부르지 말라"고 말씀하고 있습니다. 이 말씀은 하나님의 이름을 함부로 오용하거나 남용하지 말라는 뜻으로, 그 이름에 합당한 영광과 존귀를 올려 드려야 한다는 것입니다.

민수기 20장 1-13절 신명기 32:48-52을 보면, 모세는 이스라엘 백성들을 출애굽 시키고 광야 40년의 세월이 끝나갈 무렵 신 광야 가데스 므리바에 이르게 됩니다. 그러나 백성들은 여전히 불평과 원망으로 마실 물이 없다고 합니다.

하나님께서는 예전에는 모세에게 반석을 치라 하셨지만, 그때와 달리 이번에는 지팡이를 들어서 반석에게 명령하라고 하셨습니다. 그런데 이미 분노한 모세는 화풀이하듯이 거룩한 하나님의 능력으로 물이 주어짐을 언급조차 하지 않고 "우리가 너희를 위하여 이 반석에서 물을 내랴" 하면서 반석을 내리쳤습니다.

하나님의 거룩함을 드러내라는 명령을 거역하고 마치 자기가 물을 주는 것처럼 보이면서 자신의 이름과 위엄을 과시하며 불순종했습니다. 결국 모세는 이스라엘 자손의 목전에서 하나님의 거룩함을 나타내지 아니함으로 가나안 땅을 눈앞에 두고 들어가지 못했습니다.

모세는 하나님의 거룩하신 이름을 짓밟았고, 자신이 물을 내는 것처럼 하나님의 영광을 자기의 영광으로 만들었습니다. 하나님의 이름에 합당한 영광을 돌리지 않았습니다.

우리는 내 마음 깊은 곳에서부터 언제나, 매 순간마다 삶 속에서 하나님의 이름에 합당한 영광을 올려드리는 생애가 되어야 합니다.

또한 이 본문은 우리에게 모세가 하나님의 말씀에 불순종하여 약속의 땅 가나안에 들어가지 못함을 보여주면서, 하나님의 거룩하신 말씀이 우리를 약속의 땅인 가나안까지 인도함을 기억하게 합니다.

미국 역사의 초창기에 말을 타고 다니던 시절입니다. 어느 날 말굽을 만드는 가난한 대장장이에게 부자가 찾아와 말했습니다. "말고삐와 말굽을 월요일까지 만들어 주시오." 대장장이는 "월요일은 안 되니 화요일에 해주겠습니다"라고 말했습니다. "아니, 월요일까지 필요해서 부탁을 하는데 왜 일을 하지 않소?" 그러자 대장장이가 말합니다. "내일은 주일이니까 일할 수 없습니다. 화요일까지 해드리겠습니다." 화가 난 부자는 옆의 대장간으로 가서 주문하였습니다.

그 후 어느 날, 군인이 찾아와 대장장이에게 말합니다. "당신이 주일에 일하지 않는다는 사람입니까? 내 친구를 거절하며 보낸 사람이 맞습니까?" 그러자 대장장이는 "그렇습니다. 저는요, 손님이 원하는 대로 일하지 않습니다. 사람 때문에, 돈 때문에 신앙 양심에 어긋나는 일은 결코 하지 않습니다." 그러자 군인이 말합니다.

"당신에게는 사람을 기쁘게 하는 일과 하나님을 기쁘게 하는 일 중에 하나를 선택할 자유가 있으니 그 행동을 이해합니다. 그래서 당신을 택했습니다. 당신을 찾아온 목적은 정부의 사업을 맡기기 위해서입니다. 하나님을 위해 열심히 일하는 사람이라면 나라를 위해서도 정직하게 일할 수 있을 것으로 믿습니다."

대장장이에게 일을 맡긴 사람은 미국 특수작전사령부의 웨인 다우닝 Wayne A. Downing 장군이었습니다.

우리는 하나님과 사람들 앞에 정직한 모습으로 신앙생활을 해나갈 수 있어야 합니다. 무엇보다 하나님의 자녀로서 하나님의 존귀한 이름에 합당한 삶을 살아가야 합니다. 나의 삶 속에서 하나님의 이름을 높이는 생애가 되어야 합니다.

시편 91편 14절
"하나님이 이르시되 그가 나를 사랑한즉 내가 그를 건지리라
그가 내 이름을 안즉 내가 그를 높이리라."

시편을 기록한 다윗은 하나님의 이름을 알고 높임으로 위대한 생애가 펼쳐졌습니다. 하나님은 우리에게 '하나님을 사랑하고 그의 이름을 아는 자를 높이신다'라고 말씀하십니다. 그의 인생을 존귀하게 하십니다.

하나님은 하나님의 이름을 존귀하게 여기는 자의 인생을 존귀하게 하십니다. 하나님의 이름이 하늘의 문을 여는 열쇠이고 능력 있는 기도입니다. 우리가 하나님의 이름을 고백함으로 하늘의 문이 열리고, 하나님의 이름이 내 삶을 놀라운 기적의 역사가 시작되는 자리로 이끌어 가심을 믿고 살아가야 합니다.

둘째, 거룩한 삶의 길을 가십시오.

하나님은 모든 그리스도인들을 예외 없이 거룩한 삶으로 부르셨습니다. 레위기 19장 2절 "너는 이스라엘 자손의 온 회중에게 말하여 이르라 너희는 거룩하라 이는 나 여호와 너희 하나님이 거룩함이니라" 하였습니다. 우리는 세상이 거룩하지 못함을 탓하지 말고 구별된 자로서 거룩한 행실로 살아야 합니다.

전라남도 여수시 율촌면 산돌길 70-62 애양원에는 자기 두 아들을 죽인 청년을 양아들로 삼고 공산당원에게 48세에 순교하신, 한국이 낳은 세계적인 성자 聖者 손양원 목사님 1902.6.3 ~1950.9.28 의 기념관이 있습니다.

목사님은 1910년 아버지와 함께 기독교에 입교하고, 1917년 선교사 맹호은에게 세례를 받았습니다. 1923년 일본 스가모 중학교를 졸업하고 귀국하여 1929년에는 경남성경학교를 졸업했습니다. 그리고 1934년까지 밀양, 울산, 부산 등지의 교회에서 전도사로 일하였습니다.

그러다 다시 공부하면서 1938년 평양신학교를 졸업하고, 여수의 한센인들의 수용소인 애양원교회에 부임하여 한센인 구호사업과 전도 활동을 시작하였습니다. 그리고 일제 강점기인 1940년에는 신사 참배를 거부하다가 여수경찰서에서 구금되었는데 8·15 광복으로 출옥하였고, 1946년에 목사 안수를 받았습니다.

목사님은 '원수를 사랑하라' 하신 말씀을 몸소 실천하신 하나님의 사람이었습니다. 1948년 10월 21일, 여수·순천사건이 일어나자 공산당에 가담한 청년들은 목사님의 두 아들 동인과 동신을 예수쟁이라는 죄목으로 끌어다가 두들겨 팬 후에 총으로 쏘아 결국 형제가 함께 숨을 거두었습니다.

사태가 진압된 후 두 아들을 죽인 원수 안재선이 사형수가 되어 감옥에 있을 때 목사님은 온갖 노력을 다하여 구명하였고,

끝내 그를 아들로 삼아 회개시켜서 새사람이 되게 하였습니다. 그리고 현재 안재선의 아들은 목사가 되어 복음을 전하고 있습니다.

여수 애양원 손양원 목사님의 기념관 1층에 자리 잡은 유리관 안에는 목사님이 두 아들을 잃고 드린 감사헌금 봉투가 있습니다. 헌금한 봉투에는 1만 환당시 화폐 단위의 액수가 적혀 있습니다. 당시 1만 환이면 손양원 목사님의 생활비 10년을 모아야 할 금액이었다고 합니다.

손양원 목사님은 전남 여수 한센병원의 애양원愛養院 교회에서 한센인들의 피고름을 입으로 빨아내며 섬겼으며, 1950년 6·25 전쟁이 일어나자 동료와 성도들의 피난 권유를 거절하고 행동이 부자유한 한센인들과 교회를 지켰습니다. 9월 13일 공산당원들에게 체포되어 9월 28일 가까운 미평 과수원에서 총살당하여 순교하셨습니다. 손양원 목사님은 하나님을 위한 순교를 마다하지 않고, 두 아들을 죽인 원수를 양아들로 삼은 참 신앙의 실천자였습니다.

〈손양원 목사의 아들 장례식 때 드린 감사 기도문〉

1. 나 같은 죄인의 혈통에서 순교의 열매가 있게 하신 하나님 감사합니다.
2. 허다한 많은 성도들이 있는데 이런 보배를 주께서 하필 저에게 주셔서 감사합니다.
3. 4남 3녀 중에서 특별히 아름다운 장남과 차남을 받으시니 감사합니다.
4. 한 아들의 순교도 감사한데 두 아들을 받으시니 감사합니다.
5. 예수님을 믿었으니 와석종신臥席終身 하는 것도 축복이라 하거든 하물며 전도하다가 총살 당한 순교를 하게 하시니 감사합니다.
6. 미국 가려고 준비하던 아들이 미국보다 더 좋은 천국 가게 하시니 감사합니다.
7. 나의 아들을 죽인 원수가 밉지 않게 하시고, 회개시켜서 아들로 삼고자 하는 사랑하는 마음을 주신 하나님 정말 감사합니다.
8. 저의 두 아들의 순교의 열매로 많은 천국의 아들들이 생길 것으로 믿어지니 감사합니다.
9. 이와 같은 역경 중에서도 이상 여덟 가지의 진리를 신앙과 사

랑으로 받아들여, 기쁜 마음과 여유 있는 믿음을 주신 우리 주 예수 그리스도께 진심으로 감사드립니다.

10. 오 주여! 나에게 분수에 넘치는 과분한 큰 복을 주신 하나님께 감사하며 영광을 돌려드리기를 마지 않나이다. 옛날 나의 아버지 어머니가 새벽마다 36년간 눈물로 드린 기도의 결정입니다. 또 나의 형제들이 23년간 기도해 주셔서 그 열매를 거두게 하시니 감사합니다.

손양원 목사님의 기념관에는 백범 김구 선생님이 손양원 목사님께 써 주신 글이 유리관 안에 진열되어 있습니다. 이 글은 조선 후기 이양연의 시입니다.

답설야중거 踏雪野中去, 눈 내린 들판을 걸어갈 때
불수호란행 不須胡亂行, 발걸음을 어지러이 말 것은
금일아행적 今日我行跡, 오늘 내가 걸어간 발자국이
수작후인정 遂作後人程, 뒷사람의 이정표가 될 것이기에

정리하자면, '눈 내린 들판은 길을 잘 알아볼 수 없는 상태라 사람들은 먼저 길을 걸어간 사람의 발자국을 보면서 그 발자국을 신뢰하고, 그것이 길이라고 생각하며 따라가게 된다. 그러니 먼저 걸어가는 사람은 그 걸음을 신중히 해야 한다'는 의미입니다. 한마디로 '내가 디딘 발자국은 뒷사람의 길이 된다'라는 말입니다. 내가 나의 뒷사람 때문에 살아가는 것은 아니지만, 그들을 사랑하는 마음으로 반듯하게 걸어갈 수 있어야 합니다.

더 나아가 내가 반듯하게 갈 때도 있겠지만, 내가 흐트러지고 낙심하고 좌절하는 데로 가면, 나의 자녀와 후손들 그리고 주변 사람들이 그 길을 따라올 수도 있다는 생각을 놓쳐서는 안 될 것입니다.

우리들은 한 번만 지나가는 이 땅에서 다음 세대들에게 무엇을 남기고 갈 것인지 생각할 수 있어야 합니다. 내가 만나는 사람들과 일어나는 사건들 속에서, 그 어떤 친절과 선행도 미루지 않고 바르게 행하며 바르게 살아갈 수 있어야 합니다. 더 나아가 주의 영광을 위하여 이 땅 가운데 그리스도의 제자로서 거룩하고 아름다운 흔적을 남긴다면 세상은 더욱 행복해질 것입니다.

우리는 하나님의 존귀한 이름에 합당한 삶과 그 거룩함을 드러내며 책임 있는 신앙인의 길을 가야 합니다. 나의 삶을 통해서 하나님의 이름이 부끄러움을 당하지 않고 거룩히 여김을 받을 수 있어야 합니다.

우리들은 거룩한 삶의 길을 가야 합니다. 내 안에 거룩함은 힘써 지켜나가야 할 진행형 사명입니다.

두 번째 청원

"아버지의 나라가 오게 하시며"

창문 열기

주기도문의 두 번째 청원인 "아버지의 나라가 오게 하시며"는, 세상을 떠나서 가게 되는 완성된 천국인 하나님의 나라가 아닌 하나님의 주권이 세상 속에 이루어지도록 청원하는 것입니다. 하나님 나라는 하나님의 주권과 영광이 드러나는 모든 곳을 말합니다. 더 나아가서 '그 나라가 이 땅 가운데 선포되고 통치가 확장되도록 기도하는 자신을 사용하여 주옵소서'라는 고백입니다.

아버지의 나라가 오게 하시며

아버지의 나라가 오게 하시며

주기도문의 핵심은 하나님의 나라입니다. "아버지의 나라가 오게 하시며"란 청원에서 '아버지의 나라'와 '하나님의 나라'는 동의어입니다. 우리가 일반적으로 '하나님의 나라' 하면 죽은 뒤에 가는 천국을 생각하고 말합니다. 요한계시록에서는 최후의 심판 이후에 이루어지는 새 하늘과 새 땅인 예루살렘을 말씀하고 있습니다. 우리는 죽음 이후에 영혼이 거하는 새 예루살렘 천국을 믿습니다.

그러나 천국은 유토피아적인 미래적 개념만 갖고 있는 것이 아닙니다. 마태복음 4장 17절에 "이때부터 예수께서 비로소 전파하여 이르시되 회개하라 천국이 가까이 왔느니라 하시더라"는 말씀은 죽어서 가는 천국이 아니라 임박한 하나님의 통치를 말씀하고 있습니다.

또한 바리새인들이 예수님께 하나님 나라가 어느 때에 임할 는지 묻자, 누가복음 17장 20-21절에서 "하나님의 나라는 볼 수 있게 임하는 것이 아니요 또 여기 있다 저기 있다고도 못하리니 하나님의 나라는 너희 안에 있느니라"고 말씀합니다. 이것은 예수님 자신이 천국이시고 예수 그리스도를 영접한 영혼들이 천국의 삶을 살게 된다는 것으로 우리들의 심령이 천국입니다.

하나님의 나라는 어떤 지역적인 장소나 통치가 이루어지는 곳이 아니라, 하나님의 주권과 영광이 드러나는 모든 곳을 말하며 현재의 개념을 포함하고 있습니다. 즉 "하나님의 나라가 오게 하시며"란 죽어서 가는 천국을 뜻하기보다 이 세상 가운데 하나님의 나라가 세워지게 해달라는 청원입니다.

하나님의 나라는 하나님이 다스리는 곳을 말합니다. 하나님 께서는 모든 세상을 다스리시지만 온 세상이 하나님의 나라라고 말하지 않는 것은, 어떤 이들은 하나님을 주인으로 받아들이지 않고 하나님의 다스리심을 받아들이지 않기 때문입니다.

여기에 대해서 반대로 말하면, 하나님의 나라가 오기를 구하는 것은 사탄이 왕 노릇하는 어둠의 세력이 지배하지 않고, 진리와 빛이신 예수 그리스도의 나라가 이루어지기를 구하는 것이라고 할 수 있습니다. 우리들은 하나님의 나라가 가정과 학교, 직장, 사업장, 나라, 세계 열방에 임하여 하나님의 절대 주권이 세상 속에 실현되도록 기도와 헌신으로 적극 참여하고 노력해야 할 의무가 있습니다.

결국 우리는 이 땅 가운데서 하나님의 통치 아래 살다가 죽음 이후에 영혼이 주님께서 예비하신 하나님의 통치가 완성된 그 나라에서 영원히 거하게 될 것입니다. 그러므로 하나님께서 내게 주신 영원한 그 나라의 영광을 바라보며 천국 같은 기쁨과 소망으로 살아가야 합니다.

또한 하나님 나라의 관점에서 교회는 하나님의 나라와 의가 이루어지도록 이 땅 가운데 하나님의 나라를 선포하고 통치가 확장되어 가도록 사명을 수행해 나가기 위해 존재하는 기관입니다.

영원한 하나님의 나라

천국은 하나님이 계신 영원한 영광의 나라이며, 하나님의 백성들이 세상을 떠난 뒤에 가게 되는 곳입니다. 하나님의 통치가 완성되어 있는 장소를 말합니다. 이곳은 하나님과 성도들의 만남이 직접 이루어지고 교제를 나누게 되며 영원토록 함께하는 곳입니다. 하나님의 온전한 다스림 속에서 사망이나 애통하는 것과 아픔이 없고 오직 하나님의 영광만이 가득합니다.

하나님의 나라에서 성도들은 천군 천사들과 함께 완전한 안식을 누리게 되고 완전한 예배를 드리게 될 것입니다.

요한복음 14장 2-3절
"내 아버지 집에 거할 곳이 많도다
그렇지 않으면 너희에게 일렀으리라
내가 너희를 위하여 거처를 예비하러 가노니
가서 너희를 위하여 거처를 예비하면
내가 다시 와서 너희를 내게로 영접하여
나 있는 곳에 너희도 있게 하리라."

요한계시록 21장 1-4절
"또 내가 새 하늘과 새 땅을 보니
처음 하늘과 처음 땅이 없어졌고 바다도 다시 있지 않더라
또 내가 보매 거룩한 성 새 예루살렘이
하나님께로부터 하늘에서 내려오니
그 준비한 것이 신부가 남편을 위하여 단장한 것 같더라
내가 들으니 보좌에서 큰 음성이 나서 이르되
보라 하나님의 장막이 사람들과 함께 있으매
하나님이 그들과 함께 계시리니
그들은 하나님의 백성이 되고

하나님은 친히 그들과 함께 계셔서
모든 눈물을 그 눈에서 닦아 주시니
다시는 사망이 없고 애통하는 것이나 곡하는 것이나
아픈 것이 다시 있지 아니하리니
처음 것들이 다 지나갔음이러라."

요한계시록 22장 1-2절
"또 그가 수정같이 맑은 생명수의 강을 내게 보이니
하나님과 및 어린양의 보좌로부터 나와서 길 가운데로 흐르더라
강 좌우에 생명나무가 있어 열두 가지 열매를 맺되
달마다 그 열매를 맺고
그 나무 잎사귀들은 만국을 치료하기 위하여 있더라."

요한계시록 22장 5절
"다시 밤이 없겠고 등불과 햇빛이 쓸데없으니
이는 주 하나님이 그들에게 비치심이라
그들이 세세토록 왕 노릇하리로다."

하나님이 예비하신 천국은 이 세상에서 경험하고 누리는 기쁨과 절대로 비교할 수 없습니다. 천국의 아름다움은 성경 전체 구절들을 다 찾아서 말한다 해도 표현할 수 없을 정도로 영광스런 나라입니다. 우리가 사모하는 하늘의 상급과 면류관은, 이 땅에서 신앙생활을 통하여 예수님 생애와 같은 삶을 살아간 사람이 얻게 될 기업이고 축복입니다.

요한계시록 21장 23절에 "그 성은 해나 달의 비침이 쓸데없으니 이는 하나님의 영광이 비치고 어린 양이 그 등불이 되심이라" 말씀하시는 것처럼, 우리들은 천국에서 장차 어린양 되신 예수 그리스도의 찬란한 광채 안에서 그분과 함께 영원토록 행복한 주인공으로 살아갈 것입니다.

행복한 사람들의 기도

　이 땅 가운데 하나님 나라의 통치와 다스림이 임하기를 구하는 사람이라면, 오늘의 삶이 하나님 나라를 확장시켜가는 일이 되도록 사명을 잊지 말아야 합니다. "아버지의 나라가 오게 하시며"는 기도를 넘어서 삶의 자리를 하나님의 나라로 다스려 갈 수 있어야 함을 의미합니다.

　첫째, 하나님의 나라가 확장되도록 사십시오.

　1885년 언더우드와 아펜젤러는 인천 제물포항에 도착한 선교사로서 섬김의 본을 보여준 가문이 되었습니다. 켄드릭 선교사도 하나님의 나라가 확장되기를 소망하며 한 알의 밀이 되어 많은 열매로 하나님의 나라에 꽃을 피웠습니다.

언더우드Horace Grant Underwood, 원두우, 1859.7.1~1916.10.12는 원래 영국에서 태어났는데, 어릴 때 가족이 미국으로 이민을 가 그곳에서 성장했습니다. 그는 의과대학을 졸업한 의사로 신학교를 졸업하고 인도의 선교사로 나가려고 계획을 세웠습니다. 그러다가 조선에 복음의 문이 열렸는데 선교사로 갈 사람이 없다는 말을 들었습니다.

그 후 1885년 일본 요코하마를 거쳐 우리나라 인천 제물포항에 도착하고, 서울에서 알렌 의료선교사의 사역지인 광혜원에서 과학 교사로 선교활동을 시작했습니다. 하지만 당시 조선에서 기독교는 많은 박해를 받아 선교가 쉽지 않았습니다.

아펜젤러가 배재학당을 개교한 데 이어 언더우드는 1886년 길거리에 버려진 아이들 중심으로 '예수교학당'현 경신중·고등학교을 열었습니다. 또한 1887년 서울 정동장로교회현 새문안교회를 세웠습니다.

1912년 언더우드는 연희전문학교 설립을 위해 모금 차 미국으로 건너가 미북장로교회 해외선교부를 방문해서 대학 건립의 당위성을 역설하며 52,000달러를 후원받았습니다. 그리고 미국 남·북감리교회 서울 주재 선교사들과 캐나다 장로교회 선교부의 지원까지 받아서 1915년 3월 5일에 학생 60명과 교직원 18명으로 경신학당 대학부현 연세대를 시작했습니다.

그는 일제강점기에 "한국 민족이 일본에 주권을 침탈당할 만한 나라는 도저히 아니라는 생각이 든다"라며 "문화를 보존하고 나면 언젠간 독립국가로 바로 설 것"이라며 입버릇처럼 말했다고 합니다. 한국이 일제의 식민지가 되자 젊은이들을 깨우고 민족의 일꾼들을 배출하기 위해 대학과 YMCA를 세웠습니다.

아들 원한경 박사는 연희전문학교에서 영어 교사와 교장으로 재직했으며 6·25 전쟁 때 심장병으로 목숨을 잃었고, 그의 부인은 공산당의 테러로 숨을 거두었습니다. 그리고 그의 아들 3형제는 미군으로 입대해서 한국전쟁에 참전했습니다.

언더우드의 가문은 4대에 걸쳐서, 119년 동안 한국을 위해 헌신했습니다. 양화진 외국인 묘지에는 언더우드, 아들, 손자 3대가 묻혀 있습니다. 그리고 2004년 언더우드 가문은 "이 나라를 향한 시대적 소명을 다했다. 다 주고 갑니다"라고 말하고 우리나라에 모든 것을 넘겨주고 미국으로 떠났습니다. 그의 죽음은 한 알의 밀이 땅에 떨어져 죽은 것, 바로 그것이었습니다.

아펜젤러Henry G. Appenzeller, 1858.2.6~1902.6.11는 1858년 2월 6일 미국 펜실베이니아 주 서더튼에서 농민의 아들로 태어나 독일계

루터교회 계통의 프랭크린앤드마샬 대학을 졸업하고, 다시 드류 신학교를 다니며 감리교 선교부로부터 조선의 선교사로 임명받았습니다. 그 후 엘라 닷지와 결혼하고 나서 신학교를 졸업했습니다.

아펜젤러는 1885년 4월 5일 부활절 아침에 언더우드와 함께 제물포에 내렸습니다.

그의 첫째 공헌으로는 배재학당이라는 최초의 근대 교육기관을 설립한 것입니다. 고종이 친히 학교명을 짓고 학교 간판을 써주었습니다.

그의 둘째 공헌으로는 정동감리교회를 창립한 것입니다. 자신의 돈으로 집을 한 채 사서 조선인 중심으로 예배를 드렸습니다. 1896년 국내 최초의 벽돌 예배당을 신축, 1899년에는 장년 352명, 주일학교 학생 250명에 달하는 부흥을 이루었다.

그의 셋째 공헌은 민주 독립운동을 적극적으로 육성한 것입니다. 배재학당 내에 협성회라는, 우리나라 사상 최초의 학생회를 조직했는데, 서구식 의회법을 제일 먼저 실천했던 단체였습니다. 매주 한 번씩 정기 집회를 열어 강연, 의회 규칙을 공부했고 서재필, 윤치호, 신흥우, 오긍선, 여운형 등 민주주의의 선봉에 섰던 분들이 주요 강사로 활약하였습니다.

그의 넷째 공헌은 문서 운동과 성서 번역입니다. 1890년에는 언더우드, 스크랜턴 등과 함께 성서번역위원회를 조직했습니다.

그런데 안타깝게도 1902년 목포에서 열리는 성서번역위원회에 참석하러 배를 타고 가던 중에 군산 앞바다 어청도 근처 해상에서 일본 상선과 정면충돌한 사고로 1902년 6월 11일 밤 10시경 44세에 순교하고 말았습니다.

본인은 수영을 할 줄 알고 배 위에 올라와 있어서 구조될 수 있었습니다. 하지만 그의 비서 조한규와 이화학당 여학생이 미처 빠져나오지 못한 것을 알고 구하려고 3등실 선실로 내려가서 구하다 함께 깊은 바닷속에 가라앉았습니다. 아펜젤러는 결국 이 나라의 한 사람을 위하여 목숨을 바쳤습니다.

그의 선교 정신이 1남 3녀 자녀들에게로 이어졌습니다. 그의 아들 아펜젤러 2세는 10세 때 아버지를 따라 안식년을 보내려고 미국에 따라갔다가 미국에서 초·중·고등학교 신학대학 교육을 받았으며, 1920년에 한국에 다시 와서 아버지가 설립한 배재학당의 교장이 되었습니다.

첫째 딸 엘리스 아펜젤러 역시 1909년 웨슬리언 대학을 졸업하고 자진하여 한국에 와서, 평생 독신으로 지내며 이화학당 교수와 학장으로 있다가 1925년에 이화여자전문학교로 승격시켜 초대교장이 되었습니다.

또한 미국에 가서 2년간 45만 달러를 모금하여 와서 신촌에 대지를 매입하여 학교를 건축하였으며, 제자 김활란을 후계자로 세우고 물러났습니다. 그녀는 1950년 2월 20일 '반석 위에 집을 지으라'는 주제로 예배를 인도하던 중 뇌출혈로 66세의 나이에 별세하였습니다. 그녀의 양화진 묘비에는 '섬김을 받으려 함이 아니라 도리어 섬기려 하노라'는 말씀이 새겨졌습니다.

우리나라 최초의 선교사로는 평양 대동강에서 1866년 9월 2일 27세의 나이로 순교한 로버트 저메인 토머스 Robert Jermain Thomas, 1840.9.7~1866.9.2가 있습니다. 그를 이어 1884년 알렌 의료선교사 다음으로 공식적인 선교사로 1885년 4월 5일 부활절 아침에 언더우드와 아펜젤러가 들어오면서 1994년까지 2,956명이 들어와 복음을 전하였습니다.

대부분이 의료선교사들이지만, 한국에 들어와 선교의 꽃을 피우지도 못하고 사고와 질병으로 10퍼센트 이상이 세상을 떠났습니다. 수많은 선교사들이 가난하고 소망 없는 나라, 학교와 병원도 하나 없는 비참한 이런 나라에 들어와서 갖가지 환난과 어려움을 당하다가 수없이 생명을 잃었습니다.

가톨릭은 기독교가 들어오기 100년 전에 가톨릭 선교사들이 들어왔으나, 당시 조선의 유교 이념과 쇄국 정책으로 말할 수 없는 박해를 받았고, 공식적인 순교자만 해도 만 명이 넘습니다.

서울 마포구 양화진길 46, 양화진 외국인 선교사 묘원에 가면 417명의 순교자 묘지가 있습니다. 그중에 65명이 태어나자마자 세상을 떠난 선교사 자녀들의 묘지입니다. 선교사들은 낯선 땅에서 어린 자녀들의 죽음을 보면서 말할 수 없는 아픔과 고통 속에서 모든 것을 내려놓고 포기하고 싶었을 것입니다.

묘비 중에 켄드릭 선교사 비석에는 "만일 내게 줄 수 있는 천 개의 생명이 있다면, 모두 조선을 위해 바치리라"라고 쓰여 있습니다. 그렇게도 이 나라를 사랑하였습니다.

루비 켄드릭Ruby Rachel Kendrik, 1883.1.28~1908.6.19 선교사는 1907년 9월 미국 남감리교 선교사로 들어왔는데 1908년 6월 한국에 온 지 9개월 만에 급성 맹장염으로 25세의 꽃다운 나이에 안타까운 죽음을 맞이했습니다. 루비 켄드릭 선교사가 부모님에게 보낸 마지막 편지의 내용은 다음과 같습니다.

이곳 조선 땅에 오기 전 집 뜰에 심었던 꽃들이 활짝 피어났다는 소식을 들었을 때 온종일 집 생각만 했습니다. 여기는 참 아름다운 곳입니다. 모두들 하나님을 닮은 사람들 같습니다. 선한 마음과 복음에 대한 열정으로 보아 아마 몇십 년이 지나면 이곳은 주님의 사랑이 넘치는 곳이 될 것 같습니다.

　저는 복음을 듣기 위해 20킬로미터를 맨발로 걸어오는 어린아이들을 보았을 때, 그들 안에 있는 하나님의 사랑 때문에 오히려 위로를 받습니다.

　그러나 한편에서는 탄압이 점점 심해지고 있습니다. 그저께는 주님을 영접한 지 일주일도 안 된 서너 명이 끌려가 순교했고, 토머스 선교사와 제임스 선교사도 순교했습니다.

　선교 본부에서는 철수하라고 지시했지만, 대부분의 선교사들은 그들이 전도한 조선인들과 아직도 숨어서 예배를 드리고 있습니다. 그들은 모두가 순교할 작정인가 봅니다.

　오늘 밤은 유난히도 고향으로 돌아가고 싶습니다. 외국인을 죽이고 기독교를 증오한다는 소문 때문에 부두에서 저를 끝까지 말리셨던 어머니의 얼굴이 자꾸 제 눈앞에 어른거립니다.

　아버지, 어머니! 어쩌면 이 편지가 마지막일 수도 있습니다. 제가 이곳에 오기 전 뒤뜰에 심었던 한 알의 씨앗으로 인해 이

제 내년이면 온 동네가 꽃으로 가득하겠죠? 그리고 또 다른 씨앗을 만들어 내겠죠?

저는 이곳에 작은 씨앗이 되기로 결심했습니다. 제가 씨앗이 되어 이 땅에 묻히게 되었을 때, 아마 하나님의 시간이 되면 조선 땅에는 많은 꽃들이 피고 그들도 여러 나라에서 씨앗이 될 것입니다.

저는 이 땅에 저의 심장을 묻겠습니다. 바로 이것은 조선에 대한 제 열정이 아니라 조선을 향한 하나님의 열정이라는 것을 알게 되었습니다. 어머니 아버지, 사랑합니다.

오늘날 그들의 모습은 볼 수 없지만 발자취는 이 땅 구석구석에 남아 있습니다. 그들은 그 나라에서 상위 1퍼센트에 속한 사람들이었지만, 영광스러운 부귀영화가 있는 평안하고 안락한 삶을 버리고 낯선 이국땅에서 고생하며 살았습니다. 하나님의 나라를 위하여 이 땅에 복음의 씨앗을 심기 위해 목숨 바친 그분들의 희생의 열매가 오늘을 있게 한 것입니다.

둘째, 하나님의 나라가 임하기를 기도하며 천국의 그림자로 사십시오.

유일한柳一韓, 1895.1.15~1971.3.11 박사는 평양에서 태어난 대한민국의 기업인입니다. "내 전 재산을 교육하는 데에 기증하라"는 유언을 남겼고, 현재 유한공업고등학교와 유한대학교를 설립하였습니다. 경기도 부천시 소사구 역곡동 유한전문대 앞 왕복 6차선 6킬로미터 구간에는 '유일한로'라고 이름 붙여진 자동차도로가 있습니다.

유일한은 조선 평안도 평양부에서 재봉틀 장사로 자수성가한 상인 유기연柳基淵과 김기복金基福 사이의 6남 3녀 중 장남으로 태어났습니다. 독실한 기독교 신자인 아버지 유기연은 미국 감리교에서 조선인 유학생을 선발한다는 말을 듣고, 1904년에 당시 9세에 불과한 큰아들을 미국으로 보냅니다. 유기연이 큰돈이 들 수도 있는데 아들을 유학 보낸 이유는, 자신의 자녀들이 식견을 넓혀서 민족을 위해 일하기를 바랐기 때문입니다. 그는 자녀들을 러시아, 일본, 중국에 유학을 보내서 공부하게 하였습니다.

그런데 미국으로 가던 유일한은 아버지가 환전해 준 미국 돈을 배에서 잃어버렸습니다. 하지만 인솔자이자 독립운동가인 박용만의 배려로 미국 네브래스카 주의 독신자 자매인 태프트 자매에게 입양되었습니다.

태프트 자매는 아침에 일찍 일어나 성경 읽기와 기도를 한 뒤, 밭에서 온종일 일하는 성실하고 검소한 삶을 통해 기독교의 노동윤리를 실천했으며, 어린 유일한에게 영어를 가르쳐서 미국 사회에 적응하도록 배려했습니다. 그녀의 도움으로 유일한은 미시간 대학교를 졸업하고 스탠퍼드 대학원에서 법학을 공부하였습니다.

학업을 마친 뒤 전자회사 사원으로 근무하다가 1922년 자립하여 숙주나물을 취급하는 라초이식품 주식회사을 설립하였고, 1926년 귀국하여 당시 일본의 압제하에 가난과 질병으로 신음하는 동포를 위해 '건강한 국민만이 잃었던 주권을 되찾을 수 있다'는 신념으로 민족 기업 유한양행 柳韓洋行을 창립하였습니다.

또한 그는 필라델피아 한인 자유대회, 맹호군 창설 주역으로 활동하는 등 국내외에서 조국의 독립을 위해 활동하였습니다. 광복 후에는 사재를 헌납하며 교육 사업에도 심혈을 기울여, 나라의 근대화에 필수적인 기술 인력의 양성을 위해 유한공업고등학교를 설립하여 우수한 인재를 배출시키고 오늘의 유한대학으로 확대 발전시킬 수 있는 초석을 놓았습니다.

그는 1969년 사업 일선에서 물러나면서 혈연관계가 전혀 없는 조권순趙權順에게 사장직을 물려줌으로써 전문경영인 등장의 길을 여는 데 선구자적 역할을 하였습니다.

유일한 박사는 1971년 76세를 일기로 영면하면서, 아들 유일선 변호사의 딸 학자금으로 1만 달러를 제외한 남은 전 재산을 교육 사업에 기부한다는 유서를 남겼습니다.

대재벌이었던 그가 남긴 것이라고는 구두 두 켤레와 양복 세 벌, 그리고 손때 묻은 가방, 안경, 만년필, 지팡이가 전부였습니다. 그는 재산 전부를 공익법인에 기증하는 등 평생 '기업 이윤의 사회 환원' 정신을 몸소 실천한 참 기업인이었습니다.

독실한 침례교 신자였던 그는 자신의 재산에 대해 본인 소유가 아닌 예수님이 맡기신 것이라고 믿었습니다. 그가 살던 집의 겉모양은 붉은 벽돌로, 내부는 목재로 지어졌으며, 현재 건물 소유주인 성공회대학교 재단에서 신학연구소 사무실로 쓰고 있습니다. 또한 사회 기여로 세워진 유한공업고등학교는 성공회대학교를 마주하고 있습니다.

그는 가장 정직하게 기업을 경영하였고, 성공적으로 기업을 성장시켰으며, 자신이 이룩한 모든 것을 사회를 위하여 기부했습니다. 그의 기업가 정신과 나눔의 철학은 세계 어느 위대한 기업가나 기부자보다 위대합니다.

유한양행은 1926년 창립되고, 1969년 이후 50여 년이 되는 지금까지도 평사원 출신의 전문경영인을 선출하고 있을 뿐 아니라, 현재 약 1,500명의 유한양행 임직원들 중 유일한 박사의 친인척은 단 한 명도 없는 것으로 알려지고 있습니다.

> 마태복음 5장 16절
> "이같이 너희 빛이 사람 앞에 비치게 하여
> 그들로 너희 착한 행실을 보고
> 하늘에 계신 너희 아버지께 영광을 돌리게 하라."

오늘 우리는 유일한 박사와 같이 착한 행실을 통해 하나님의 영광을 드러낼 때, 바로 그 자리가 하나님의 나라가 임하는 곳임을 기억해야 합니다. 내가 머무는 자리마다 선을 행하고 하나님의 화평을 이루어감으로 아름답고 행복한 열매가 있는 하나님의 나라가 이루어지기를 소망합니다.

셋째, 하나님의 나라를 위해 순종과 헌신의 자리에 머무십시오.

요한복음 2장 1-11절은 예수님께서 공생애를 시작하며 첫 번째 표적으로 갈릴리 가나에서 물로 포도주를 만드신 사건입니다. 신학적인 의미로 보면 예수님이 공생애를 시작하면서 물로 포도주를 만드셨고 마지막 십자가를 지시기 전 최후의 만찬에서도 포도주로 성만찬을 하셨습니다. 즉 포도주는 대속의 피를 상징적으로 의미하고 있습니다.

혼인 잔치의 내용적 상황을 보게 되면 예수님의 친척 결혼 예식이었다고 볼 수 있습니다. 그래서 어머니 마리아가 음식을 만들며 모든 일을 돕고 있었습니다. 유대인들의 결혼예식은 주로 밤에 이루어지는데 보통 일주일간 진행됩니다.

그만큼 결혼식이 중요하고 일주일간 많은 음식이 필요합니다. 그 중요한 음식 중에 하나인 포도주가 중간에 떨어져서 생각지 못한 어려운 문제가 발생한 것입니다.

그러자 어머니 마리아가 예수님께 찾아와 포도주가 떨어졌다고 말을 합니다. 마리아는 예수님이 하나님의 아들이심을 아셨습니다. 그리고 이 문제를 해결하실 수 있는 능력이 있음도 알고 있었습니다. 마리아는 하인들을 불러 예수님께서 말씀하시거든 그대로 행하라고 부탁하며 지혜롭게 이 문제를 풀어 갑니다.

예수님은 하인들에게 돌 항아리 여섯 개에 물을 채우라고 말씀하십니다. 하인들은 예수님의 말씀대로 항아리 아귀까지 채우게 됩니다. 그리고 예수님께서는 "이제 떠서 연회장에게 갖다 주라"라고 말씀하시는데 바로 이 물이 포도주로 변화된 것입니다.

예수님께서 이 땅에 오신 목적은 죽을 수밖에 없는 우리를 사랑하셔서 물이 변하여 포도주 인생이 되게 하시기 위함입니다. 예수님은 내 삶의 자리에 부족함을 채워 주시기 위해 오신 것입니다.

우리는 살아가면서 인생의 텅 빈 돌 항아리를 만날 수 있습니다. 더 이상 살아갈 소망이 없는 벼랑 끝인 텅 빈 항아리 앞에 설 수도 있습니다. 때로는 잔치하는 즐거움 가운데도 텅 빈 항아리는 언제든지 눈앞에 펼쳐질 수 있습니다.

하지만 언제나 빈 항아리에 물을 채우라 하신 주님의 음성에 귀 기울이고 순종하며 온전히 주님께 맡길 수 있어야 합니다. 주님께 맡길 때 내 삶을 포도주로 다시 바꿔주십니다. 주님은 구원의 기쁨과 행복이 넘치는 잔치로 이어가시는 분입니다.

우리는 하나님의 나라가 이루어지는 곳에는 순종과 헌신이 있음을 기억해야 합니다.

반대로 하나님의 나라를 이루어 가지 못하고 능력을 상실한 우리를 향하여 덴마크의 철학자이자 신학자인 키에르케고르 Søren (Aabye) Kierkegaard, 1813. 5. 5~1855. 11. 11는 "예수님은 물을 포도주로 만드는 기적을 행하셨는데 오늘날 교회는 이보다 더 위대한 능력을 행하고 있다. 그들은 그 포도주를 다시 물로 만들어 버린 것이다"라고 말합니다.

더 나아가서 어떤 신학자는 "현대 교회는 포도주를 담았던 항아리마저 깨버렸다. 그리고 그 깨진 항아리 조각들로 서로를 찌르고 괴롭히고 있다. 그 깨진 항아리에 목회자와 성도들도 찔렸고, 사회와 역사도 찔려서 지금 피를 흘리고 있다"라고 말하고 있습니다.

우리가 예수님으로 인하여 죄로 죽을 수밖에 없는 인생에서 포도주 인생이 되었다면 또 다른 하인이 되어 순종과 헌신의 삶으로 내가 속한 가정과 교회뿐 아니라 가장 가까이에 있는 이웃들의 부족함을 채워주고 위로하며 도와야 합니다. 그리하면 물이 변화되어 포도주 되는 잔치의 기적과 기쁨을 노래하는 능력이 회복되고 하나님의 나라가 삶의 자리마다 일어나게 될 것입니다.

제가 지은 짧은 글을 소개합니다.

주님의 하인

포도주 인생이 아닌
돌 항아리에 물을 나르는 하인으로 감사하겠습니다

포도주로 변화된 자리에
머물고 바라볼 수 있는 하인으로 감사하겠습니다

나는 물이 포도주로 변화한 그곳에서
주님만을 자랑하고 노래하는 하인으로 살고 싶습니다

나는 물과 포도주를 나르는 그곳에서
주님 곁에 영원한 하인으로 행복하게 살고 싶습니다

주기도문의 "아버지의 나라가 오게 하시며"란 청원은 '하나님께서 전적으로 알아서 하십시오'라는 기도가 아닙니다. '하나님의 나라가 이루어지는 데 기도하는 우리를 사용하여 주옵소서'라는 청원입니다. 하나님의 나라를 위해 물과 포도주를 나르는 하인의 순종과 헌신의 자리에 머물러 살아가라는 것입니다.

우리 모두가 하나님이 다스리시는 통치를 받아서 그 나라가 이루어지도록 기도하며, 우리가 살아가고 있는 삶의 자리를 하나님의 나라로 다스려 갈 수 있기를 바랍니다.

주기도문
행복한
사람들의 기도

세 번째 청원

**"아버지의 뜻이
하늘에서와 같이
땅에서도 이루어지게 하소서"**

창문 열기

　하나님의 대한 세 가지 청원은 "아버지의 이름을 거룩하게 하시며", "나라가 오게 하시며", "뜻이 하늘에서와 같이 땅에서도 이루어지게 하소서"입니다. 이 세 가지의 청원은 끊을 수 없는 연관성을 가지고 있습니다. 아버지의 이름이 거룩하게 여김을 받는 곳이 하나님의 나라가 임하는 곳이고, 그곳에 하나님의 뜻이 이루어진다는 것입니다. 세 번째 청원은 '하나님의 뜻을 이루며 사는 생활'이라 할 수 있습니다.

아버지의 뜻이 하늘에서와 같이 땅에서도 이루어지게 하소서

아버지의 뜻이 하늘에서와 같이
땅에서도 이루어지게 하소서

주기도문에서 세 번째 청원인 "아버지의 뜻이 하늘에서와 같이 땅에서도 이루어지게 하소서"는 마태복음에만 기록되어 있고 누가복음에서는 생략되어 있습니다. 이 내용은 독립적인 청원이라기보다 앞에서 말하는 하나님의 나라를 더욱 선명하게 드러내기 위함이라고 볼 수 있습니다.

우리가 아버지의 뜻을 알고 살아가는 것은 쉬운 일이 아닙니다. 하늘은 하나님이 다스리시고 통치가 완성된 곳입니다. 그리고 땅은 하나님의 통치가 온전히 이루어지는 곳이 아니라 불완전한 상태라고 할 수 있습니다. 그래서 하나님의 나라가 우리들이 살아가는 이 땅에서 하늘처럼 이루어지도록 기도하는 것입니다.

여기서 '뜻'이란 단어는 헬라어 '텔레마'Thelema로 '바란다', '소원한다', '기뻐한다'란 의미를 가지고 있습니다. 아버지의 뜻이란 하나님 자신의 기대와 소원을 말합니다. 하나님의 뜻에 대해서 디모데후서 1장 9절에서 "하나님이 우리를 구원하사 거룩하신 소명으로 부르심은 우리의 행위대로 하심이 아니요 오직 자기의 뜻과 영원 전부터 그리스도 예수 안에서 우리에게 주신 은혜대로 하심이라" 말씀하고 있습니다. 즉 우리를 구원하시는 것이 하나님의 뜻이고, 이 뜻을 이루시기 위해서 예수님을 보내신 것입니다.

요한복음 6장 38-40절
"내가 하늘에서 내려온 것은 내 뜻을 행하려 함이 아니요
나를 보내신 이의 뜻을 행하려 함이니라
나를 보내신 이의 뜻은 내게 주신 자 중에
내가 하나도 잃어버리지 아니하고
마지막 날에 다시 살리는 이것이니라
내 아버지의 뜻은 아들을 보고 믿는 자마다
영생을 얻는 이것이니
마지막 날에 내가 이를 다시 살리리라 하시니라."

> 디모데전서 2장 4절
> "하나님은 모든 사람이 구원을 받으며
> 진리를 아는 데에 이르기를 원하시느니라."

기독교의 궁극적인 목적은 영혼 구원입니다. 구원은 절대적으로 변하지 않는 아버지의 뜻입니다. 그러므로 우리들의 기도의 초점은 바로 영혼 구원에 있어야 합니다.

"하늘에서와 같이 땅에서도 이루어지기를" 소망하는 것은 '내가 이루어지게 하겠습니다'라는 적극적인 표현이 담겨 있습니다. 아버지의 뜻이 무엇인지를 알았기에, 그 뜻에 합당한 삶을 살아가겠다는 의지와 결단이 포함된 기도입니다.

아버지의 뜻은 이미 이루어져서 예수 그리스도가 이 땅 가운데 오셨고, 십자가에 죽으시고 부활 승천하셨으며, 장차 완성될 것입니다. 그러므로 우리들은 모든 생활 속에서 한 영혼을 사랑하고 구원하는 근본적인 뜻에 초점을 맞추어 그 뜻을 이루어가며 살아야 합니다.

우리는 두 번째 청원인 "아버지의 나라가 오게 하시며"의 뜻이 하나님 나라 확장을 위해 '우리를 사용하여 주시라'는 것임과 같이, 세 번째 청원에서도 하나님의 뜻을 항상 헤아리며 '나로 하여금 그 뜻이 이루어져 갈 수 있도록 사용하여 주시라'는 기도로 실천하는 삶을 살아가야 합니다.

아버지의 뜻을 어떻게 아는가?

하나님은 천지만물을 창조하시고 주관하시는 전능하신 분입니다. 우리가 크고 위대하신 하나님을 알기 위해서는 하나님에 대한 지식이 필요합니다. 그리스도인은 성경을 하나님의 말씀으로 믿고 말씀 안에서 하나님을 만나며 사는 사람들입니다. 우리가 성경을 연구하고 설교 말씀을 듣는 것은, 바로 하나님이 어떤 분이시고 하나님의 뜻이 무엇이며, 그 뜻을 이루어 가시는 하나님에 대해서 알아 가기 위함입니다.

하나님의 뜻을 정확하게 알기 위해서는 신학적인 차원의 공부가 있어야 합니다. 하나님의 뜻을 아는 것은 말씀 속에 기록되어 있습니다.

그러므로 우리가 하나님의 뜻을 이루는 통로로 살아가기 원한다면 항상 말씀을 가까이 하고 연구하며 묵상해야 합니다. 그래야 하나님의 뜻에 합당한 자녀다운 존재로 살아갈 수 있습니다.

더 나아가서 기도와 성령의 도우심으로 알아갈 수 있습니다.

마태복음 13장 11절
"천국의 비밀을 아는 것이 너희에게는 허락되었으나
그들에게는 아니되었나니."

예레미야 33장 3절
"너는 내게 부르짖으라 내가 네게 응답하겠고
네가 알지 못하는
크고 은밀한 일을 네게 보이리라"

하나님은 기도하는 자에게 영원한 거룩한 비밀을 보여주시고 깨닫게 해주십니다. 그러므로 우리가 기도하는 자리에서 벗어나서 계획하고 내 뜻대로 길에 들어서서 하나님의 뜻을 모르고 사는 일이 없어야 합니다.

누가복음 22장 42절
"이르시되 아버지여 만일 아버지의 뜻이거든
이 잔을 내게서 옮기시옵소서
그러나 내 원대로 마시옵고
아버지의 원대로 되기를 원하나이다."

예수님은 십자가를 앞에 두고 하나님의 뜻을 알기 위해 기도하셨습니다. 우리들은 기도하는 자리에서 하나님의 뜻을 알 수 있습니다.

또한 성령을 통하여 하늘에 계신 하나님의 뜻과 그 세계를 알 수 있습니다. 성령은 하나님의 뜻을 가르쳐 주시는 스승으로, 진리를 알지 못하고 하나님을 알지 못하는 우리를 잘 양육하고, 기르시고, 지시하시고, 권고하시고 훌륭한 하나님의 자녀가 되게 하십니다. 성령은 우리의 길을 인도하십니다.

고린도전서 2장 10절을 보면 "성령은 모든 것 곧 하나님의 깊은 것까지도 통달하시느니라"라고 말씀합니다. 성령께서 우리 마음에 역사하실 때에 우리는 하나님의 뜻을 알 수 있게 됩니다. 우리는 성령의 은혜를 구하고 성령의 감동을 받아야 합니다.

나의 짧은 지식과 경험에서 비롯된 내 뜻대로 살아가려고 해서는 안 됩니다. 오직 하나님의 말씀과 기도로 성령의 보호와 인도하심 속에 흔들리지 않고 온전히 하나님의 뜻대로 행하며 살아갈 수 있어야 합니다.

행복한 사람들의 기도

"아버지의 뜻이 하늘에서와 같이 땅에서도 이루어지게 하소서"는, 나의 뜻과 계획이 아니라 하나님의 모든 계획과 섭리들이 이루어지기를 기도하는 것입니다. 이것은 나 자신을 온전히 부인하는 것이고, 하나님의 생각과 방법과 계획들이 승리하기를 구하는 기도입니다.

첫째, 아버지의 뜻을 생각하며 사십시오.

조선 땅에 선교사들의 입국이 허용되고 공식적으로 들어온 처음 선교사는 언더우드와 아펜젤러이지만, 처음 사역을 시작한 인물은 호레이스 뉴턴 알렌 Newton Allen Horace, 1858.4.23~1932.12.11 의료선교사입니다.

알렌 선교사는 미국의 중부지방에서 태어났습니다. 1881년

마이애미 의대에 진학하여 학업을 마친 후 의사 자격을 취득하였습니다. 이처럼 의사로서 꿈을 키워 나가던 알렌에게 결코 거부할 수 없는 하나님의 뜨거운 부르심이 임하게 됩니다.

그는 1883년, 25세의 젊은 나이에 갓 결혼한 아내와 함께 중국으로 건너와 상해를 거점으로 하여 선교 사역을 시작하였습니다. 그러나 얼마 가지 않아 알렌은 큰 실의에 빠지게 되었습니다. 그의 가슴속에는 어느 누구 못지않은 뜨거운 체험과 열정이 있었지만 선교 경험이 미숙했고, 어린 나이 때문에 동료 선교사들과 마찰이 생겼습니다. 게다가 아내의 건강 악화로 어려움을 겪으면서 첫 1년간은 되는 일이 없었습니다. 중국 땅에서 그는 고전을 면치 못하고 있었습니다.

하지만 이 일로 알렌 선교사는 선교지를 옮기기로 결심하였고, 하나님은 그를 한국 땅으로 눈을 돌리게 하셨습니다. 바로 한국 땅에 있는 외국 공관들에게서 의사가 절대적으로 필요하다는 요청을 받게 된 것입니다. 그리하여 서울에 도착한 알렌 선교사는 외국 공관에 머물면서 의사로서 공식적인 활동을 시작했습니다.

그리고 알렌 선교사에게 일어난 획기적인 사건은 바로 명성

왕후의 조카인 민영익과의 만남이었습니다. 당시 한국 땅에서는 수구파와 개화파가 충돌을 빚어 갑신정변으로 혼란스러운 정국이었습니다. 이때 개화파 칼에 찔려 죽어 가던 명성황후의 조카이자 수구파의 거장인 민영익을 알렌 선교사가 혼신의 힘을 다해 치료해 주었고, 결국 기적적으로 살아났습니다.

이 사건으로 알렌 선교사는 민영익에게 생명의 은인이 되었고, 고종 황제와도 좋은 관계를 맺을 수 있는 기회를 얻었습니다. 그리고 나중에 고종 황제는 알렌 선교사의 요청을 받아들여 광혜원을 설립했습니다. 바로 이것이 한국 땅에 설립된 최초의 서양 병원, 제중원입니다.

그 후 제중원은 자연스럽게 기독교 선교의 거점이 되어서 선교의 효과를 극대화시키는 도구로 쓰임 받았습니다. 바로 의료 선교사인 알렌을 이어서 위대한 선교사들이 제중원을 중심으로 사역의 물꼬를 트기 시작한 것입니다.

1885년 4월 5일 한국에 도착한 언더우드 선교사는 제중원에서 화학을 가르치면서 그곳을 거점으로 선교 사역을 시작했습니다. 또한 같은 해에 입국한 존 헤론 선교사, 감리교 의료선교사 스크랜턴, 그리고 1886년에 입국한 의료선교사 앨리스까지도 처음에는 제중원을 중심으로 선교 활동을 시작했습니다 1904년부터 제중원의 명칭이 세브란스병원으로 바뀜.

우리는 이렇게 중국 땅에서 선교의 실패를 경험했던 알렌 선교사를 하나님께서 어떻게 인도하셨는지 알 수 있습니다. 사람의 실패가 오히려 하나님의 큰 승리로 이끄는 지름길이 된다는 사실을 깨닫게 됩니다.

우리는 모든 것이 내 계획대로 이루어지기를 기도합니다.
그리고 내 계획대로 되지 않으면 하나님을 원망하고 실패한 것으로 생각합니다. 그러나 하나님의 계획은 언제나 내 계획보다 정확하고 확실하다는 사실을 알아야 합니다.
그러므로 때로는 불평과 원망 없이 오래 참고 인내하며 하나님의 뜻을 받아들이면서 살아가야 합니다. 우리는 항상 하나님의 뜻을 생각하며 살아야 합니다. 나의 필요를 먼저 생각하고 내게 필요한 것을 먼저 채우고 하나님의 일을 생각해서는 안 됩니다.
우리는 하나님 나라의 세 가지 청원인 "아버지의 이름을 거룩하게 하시며"와 "나라가 오게 하시며"와 "뜻이 하늘에서와 같이 땅에서도 이루어지게 하소서"를 우선시하며, 하나님의 나라가 먼저 이루어지도록 나 자신을 내어놓고 기도하라는 주기도문의 가르침을 기억해야 합니다.

둘째, 아버지의 나라가 이루어지도록 사십시오.

전 세계에서 가장 행복한 나라는 덴마크입니다. 그러나 덴마크의 환경을 보면, 여름 3개월 동안은 해를 볼 수 있지만 나머지 9개월은 아침부터 밤까지 안개가 끼거나 구름이 덮여 있어서 해를 구경할 수 없습니다. 지하자원도 없고 땅도 황무지입니다.

덴마크의 역사를 보면, 1864년에 지금의 독일인 그 당시 프로이센과 전쟁을 했습니다. 이 전쟁에서 덴마크가 져서 완전히 망하게 되었습니다. 패전하는 바람에 막대한 전쟁 배상금으로 비옥한 곡창지대를 독일에게 넘겨주고 말았습니다. 남아 있는 땅은 모두 다 쓸모없는 산악 지대의 황무지였습니다.

지하자원도 없고, 경제는 파탄에 이르게 되었으며, 결국 국립은행이 파산을 했습니다. 일자리도 없고 여자들도 다 데려갔습니다. 노인들과 어린아이들만 남았습니다. 국민들은 날마다 도박과 술에 취하여 희망 없는 삶을 살기 시작하면서 날이 갈수록 원성이 높아가면서 덴마크는 끝이 났다고 했습니다.

그렇게 절망이 가득한 어두운 땅에 1783년 9월 8일에 우드비에서 태어난 한 사람이 등장합니다. 그가 바로 덴마크의 중흥의 아버지로 불리는 니콜라이 그룬트비 Nikolai Grundtvig, 1783~1872 목사입니다. 그룬트비 목사는 스칸디나비아의 기후와 풍토에 맞는 새로운 낙농업을 시작해야 한다고 주장主張했고, 교회들이 주민 센터가 되어서 낙농 기술을 가르쳤습니다.

그는 국회의원이 된 후 국방의 의무와 신앙, 언론, 출판, 집회의 자유를 주창主唱하며 토지제도의 개혁을 주장했습니다. 또한 현재 모든 학교 교육의 기초를 만들었는데, 국공립 교과 과정의 50퍼센트가 성경 교육이라고 합니다. 덴마크의 교회용 찬송가 60퍼센트 이상이 그룬트비 목사의 작품입니다.

그룬트비 목사가 내세운 삼애운동三愛運動 정신이 덴마크의 역사를 바꾸고, 민족을 바꾸며, 나라를 살렸습니다. 삼애운동은 '하나님을 사랑하자', '이웃을 사랑하자', 그리고 '자연을 사랑하자'입니다. 이 운동을 일으키면서 이 나라가 절망에서 일어나 다시 살아나기 시작했습니다.

그 짧은 기간에 비극과 저주와 멸망에서 해방되었습니다. 그리고 이미 사라져야 할 지상의 나라가 지금은 세계 최고로 잘 사는 낙농 국가로 선진국이 되었고, 과학이 앞서가는 국가가 되었습니다. 경제가 안정되어 한 번도 흔들리지 않는 부강한 국가가 된 것입니다.

우리에게 아무리 비극과 절망이 있을지라도 하나님께로 돌아가면 살 수 있습니다. 그러나 아무리 좋은 것을 물려주어도 하나님을 떠나면 안 됩니다 이것은 덴마크만이 그런 것이 아닙니다. 개인의 죽고 사는 문제와 장래가 하나님께 있다는 것입니다. 우리가 하나님을 믿는 믿음과 하나님을 경외하는 그 정신만 가지고 하나님께로 돌아가면 모든 것이 회복되고 다시 살아날 것입니다. 우리의 발걸음은 언제나 하나님께로 향해야 합니다.

전 세계에서 가장 행복한 나라는 덴마크만이 아닙니다. 노르웨이, 스위스, 네덜란드, 스웨덴 등 북유럽에 위치한 복지 위주의 국가들이 상위권을 차지하고 있습니다.

덴마크 국기는 빨간 바탕에 흰색 십자가입니다. 종교는 루터교가 95퍼센트이고 로마 가톨릭이 3퍼센트입니다. 노르웨이 국기는 빨간 바탕에 파란 십자가입니다. 종교는 루터교가 85퍼센트입니다. 스웨덴의 국기는 파란색에 금 십자가입니다. 루터교가 87퍼센트입니다. 네덜란드 국기는 위에서부터 빨간색, 하얀색, 파란색의 삼색기인데, 여기서 하얀색은 하나님의 축복을 뜻합니다. 로마 가톨릭이 31퍼센트이고 개혁교회가 13퍼센트이며 기독교가 50퍼센트입니다.

이뿐 아니라 호주, 도미니카공화국, 피지, 핀란드, 조지아, 그리스, 아이슬란드, 몰타, 뉴질랜드, 영국, 아이슬란드, 자메이카, 통가, 슬로바키아, 스페인, 스코틀랜드, 리히텐슈타인, 그루지야 등도 국기 안에 십자가를 새겨 놓고 있습니다. 모두 다 온 나라가 십자가를 바라보고 하나님의 나라가 그들 나라 가운데 이루어지기를 간절하게 소망하는 것입니다.

이 땅의 지상 낙원은 어디에 있습니까? 바로 나와 내 자녀의 인생뿐 아니라 우리나라의 미래도 하나님의 나라가 이 땅 가운데 이루어져 갈 때 행복이 오고 지상 낙원이 되는 것입니다. 오늘 우리들의 기도는 "아버지의 뜻이 하늘에서와 같이 땅에서도 이루어지게 하소서"가 되어야 합니다.

셋째, 아버지의 지시표를 보고 사십시오.

미국 사우스다코타 주에 러시모어라는 유명한 산이 있습니다. 이 산의 정상인 화강암 벽에는 미국 대통령들의 얼굴이 조각되어 있습니다. 미국 역사상 가장 훌륭했던 네 명의 대통령인 조지 워싱턴 1대, 토머스 제퍼슨 3대, 에이브러햄 링컨 16대, 시어도어 루스벨트 26대의 얼굴이 새겨져 있습니다.

이 조각상은 이집트 피라미드보다도 더 커서, 워싱턴 대통령의 머리만 해도 건물 5층 높이인 18미터이며 그 전체 높이는 42

미터나 됩니다. 이는 1927년에 시작하여 14년 이상 걸려 조각된, 세계에서 가장 거대한 조각상 중의 하나입니다.

여기에 조각된 인물들의 위대한 점은 하나같이 모두가 하나님의 말씀인 성경을 생활신조로 삼았다는 것입니다.

조지 워싱턴은 미국의 초대 대통령으로 취임하는 자리에서 "성경이 아니면 세계를 다스릴 수 없다"라고 하며 성경에 손을 얹고 선서를 하였습니다.

토머스 제퍼슨은 미국 독립선언서의 작성자로서 "미합중국은 성경을 반석으로 삼아 서 있다"라고 강조하였습니다.

링컨은 가난하여 제대로 학교 교육을 받지 못했습니다. 그러나 언제나 성경을 그의 곁에 두고 부지런히 읽으며 그 말씀대로 살려는 의지를 가지고 살았습니다. 대통령이 된 뒤에도 그는 집무하는 책상 위에 항상 성경을 두고 읽었으며 "성경은 하나님께서 주신 가장 좋은 선물"이라고 말하였습니다.

루스벨트는 신실한 그리스도인 부모 밑에서 성장하였습니다. 그는 미국 대통령 가운데 최연소자로 대통령이 된 사람입니다. 그는 "어떠한 방면에서 활동하는 사람이든지 그가 자기의 생을 참되게 살기 원한다면, 나는 그에게 성경을 연구하라고 권하겠다"라고 말했습니다.

이처럼 미국을 대표하는 위대한 역대 대통령들은 한결같이 하나님의 말씀인 성경을 사랑했고, 이 말씀 안에서 자신들의 정치 철학과 인생의 향방을 발견하고 역사의 위대한 이름을 남길 수 있었던 것입니다.

우리도 하나님의 말씀인 성경을 더욱더 사랑하고 가까이하며, 성경 속에서 삶의 지표와 행동의 근거를 찾아서 하나님이 기뻐하실 만한 삶이 되도록 힘써 행하기를 바랍니다.

'메이'라는 평신도 선교사는 경비행기를 운행하며 밀림지역이나 산악지역의 부족을 찾아가는 선교사들을 실어 나르는 일을 합니다. 그가 처음 비행술을 배울 때 그는 스승에게 귀가 따갑도록 이런 말을 들었다고 합니다.

"메이, 비행기를 타고 하늘로 올라간 후에는 절대로 당신의 감각을 믿어서는 안 됩니다. 당신 생각에 비행기가 남쪽으로 간다고 느껴질 때 즉시 계기판을 보십시오. 당신은 반드시 동쪽으로 가고 있을 것입니다. 또 비행기가 막 아래로 내려간다고 느껴지면 그때도 계기판을 보십시오. 그러면 계기판은 비행기가 수평으로 날고 있다는 것을 정확히 보여줄 것입니다. 이럴 때 당신 감각을 믿고 비행기를 끌어올리면 큰 사고가 납니다. 그러니까 당신 감각이야 어떻든 비행기가 수평으로 날고 있다는 것을 계기판을 보고 믿어야 합니다. 비행기를 타고 하늘에 올라가면 당신이 믿을 것은 계기판밖에 없습니다. 당신 감각을 믿으면 절대 안 됩니다."

그리스도인의 삶도 마찬가지입니다. 우리들은 성경이라는 계기판을 보고 사는 사람이지 세상 감각을 따라 사는 사람이 되어선 안 됩니다. 우리 인생길의 계기판은 내가 아닙니다. 우리에게는 하나님이 주신 말씀이 있습니다. 우리들은 하늘에 속한 사람이라는 자의식과 하나님의 소유된 백성으로 거룩한 자녀라는 자의식을 잊지 않고 성경 말씀을 인생의 계기판으로 삼고 살아가야 합니다.

비록 세상 사람들의 눈에는 변두리 인생같이 보일 수 있지만, 하늘에 속한 자요 그리스도인이라는 자의식을 단단히 붙잡고 살아야 합니다. 세상 사람들은 자신의 생각과 판단을 의지하여 살아가지만, 우리는 언제나 창조주이시고 구원자로 내 삶의 주인이신 하나님의 통치를 받으며 살아갈 수 있기를 바랍니다.

네 번째 청원

**"오늘 우리에게
일용할 양식을 주시고"**

창문 열기

　예수님은 먼저 하나님의 나라를 위해서 세 가지 청원을 말씀하셨고, 그다음은 우리들의 필요를 위한 청원으로 '일용한 양식'과 '죄 용서'와 '시험과 악에서 구해 달라'는 세 가지 청원을 가르쳐 주고 있습니다. 또한 우리들을 위한 청원에서 육적인 것은 일용할 양식을 구하는 청원이 한 가지이고, 영적인 것은 '죄를 용서해 달라'와 '시험과 악에서 구해 달라'는 두 가지입니다.

오늘 우리에게
일용할 양식을 주시고

오늘 우리에게 일용할 양식을 주시고

마태복음에는 "오늘 우리에게 일용할 양식을"이라고 되어 있고, 누가복음은 "우리에게 날마다"로 되어 있습니다. '일용할'은 헬라어 '에피우시오스'Epiousios란 단어의 번역인데, 여기에 대해서는 '오늘을 위한', '생존을 위하여', '다음날', '내일을 위한 양식', '성찬의 떡' 등 여러 가지 해석들이 있어 왔습니다. 그러나 대체적으로 마태복음의 표현은 '하루의 필요한 양식을 달라'는 기도이고, 누가복음의 표현은 '날마다'로 해석할 수 있습니다.

이 기도는 출애굽기 16장 4절에 기록된 만나의 이야기를 기억하게 합니다.

"그때에 여호와께서 모세에게 이르시되 보라 내가 너희를 위하여 하늘에서 양식을 비같이 내리리니 백성이 나가서 일용할 것을 날마다 거둘 것이라 이같이 하여 그들이 내 율법을 준행하나 아니하나 내가 시험하리라."

하나님은 이스라엘 백성들에게 그날의 필요한 양식을 날마다 주시겠다고 약속하셨습니다. 즉, 오늘 하루가 시작되는 우리에게 그날을 위한 양식을 주시라는 것입니다. 그날의 필요한 양식을 달라는 기도입니다.

'양식'은 문자적으로 빵을 뜻하므로 생존에 필요한 음식이라고 말할 수 있습니다. 그러므로 양식은 단지 음식에만 국한된 것이 아니라 하루의 생활 속에서 필요한 모든 것들을 공급해 주시라는 의미를 가지고 있습니다. 이것은 풍족함의 청원이 아니라 오늘의 생존을 위한 최소한의 양식을 위해서 기도하라는 뜻입니다.

좀 더 광범위하게 말하면, 의식주뿐만 아니라 삶에 필요한 모든 것을 넘어서 좋은 사회, 정부, 복지와 의료 혜택, 평화와 국가 등도 포함한다고 할 수 있습니다.

〈루터와 칼빈 - 일용할 양식 해석〉

우리는 마태복음의 '하루에 필요한 양식'이나, 누가복음의 '날마다'의 표현을 포함하여, 주기도문의 "오늘날 우리에게 일용할 양식을 주시고"는 우리가 살아가는 데 필요한 양식을 구하는 기도라고 할 수도 있고, 다가오는 날들을 위한 기도라고도 할 수 있습니다. 루터와 칼빈 역시 일용할 양식을 생명 유지에 필요한 모든 것을 포함하여 해석했습니다.

더 나아가 이 기도의 핵심은, 우리의 생명 유지가 가능하도록 지켜주시고 보호해 달라는 기도입니다. 이것은 이스라엘 백성들이 하나님께 만나를 달라고 요구하며 의지해서 살았듯이, 우리도 그렇게 살아가겠다는 것입니다. 하나님만이 우리의 생명을 유지해 주실 수 있음을 고백하는 기도입니다.

즉, 우리의 모든 생명이 오직 하나님께만 있으므로 하나님의 절대적인 은혜가 필요함을 구하는 기도입니다. 결국 우리에게 필요한 모든 것은 하나님께로부터 오고, 내 생애 영원한 공급자가 되시며, 그분의 자비로운 손길에 모든 것이 달려 있다는 고백입니다.

한편 우리는 '내가 필요함을 구하기 전에 하나님은 이미 필요한 모든 것을 아시기에 구할 필요성이 있는가'라는 의문을 가질 수 있습니다. 사실 이 말은 맞습니다. 여기에 대해서 앨버트 벤저민 심프슨 박사Albert Benjamin Simpson, 1843~1919는 "우리에게 일용할 양식을 구하라고 하신 것은, 마치 거대한 유산을 분배해 준 후에 그것을 매일매일 조금씩 수표로 끊어서 쓰게 하신 것과 같다"라고 말합니다.

즉 하나님은 자녀 된 우리와 대화하기를 원하시며, 하나님의 결재 안에서 더욱 가까워지고 친밀한 관계를 원하신다는 것입니다. 하나님은 모든 사람들에게 충분히 필요한 양식을 주셨다는 것과 함께, 우리가 부지런히 일용할 양식을 거두기 위해서 일하고 감사하며 살기를 원하십니다.

또한 '우리에게'란 표현은, 나 혼자에게만 주시라는 요청이나 내 가족이 먹을 양식만이 아니라, 하나님께서 창조하신 모든 인류 공동체를 위한 요청입니다. 하나님을 아버지로 부르는 가족 공동체로 서로 돕고 섬기면서 모두의 일용할 양식을 구하는 것은 아름다운 일입니다.

우리는 하나님의 자녀로서 서로 돌보고 사랑하며 긍휼을 베풀어야 합니다. 우리들은 "네 이웃을 네 자신과 같이 사랑하라" 하시는 말씀을 기억하며, 우리 모두의 개념을 키우고 확장시켜 가야 할 것입니다. 그러기 위해서는 더욱 검소하게 생활하며 내가 가진 것을 나눌 수 있어야 합니다.

결론적으로, 우리가 "오늘 우리에게 일용할 양식을 주시고"라며 참되고 진실하게 기도한다면, 교회 공동체뿐 아니라 이 사회가 더욱 행복하고 잘사는 세상이 될 것입니다.

하늘에서 내려온 생명의 양식

우리에게 일용한 양식은 단지 음식만을 말하지 않습니다. 예수님은 우리에게 자신을 생명의 양식으로 말씀하고 있습니다.

마태복음 4장 4절에서 "사람이 떡으로만 살 것이 아니요 하나님의 입으로부터 나오는 모든 말씀으로 살 것이라"고 말씀하시는데, 생명의 양식은 하나님의 말씀이고 예수님 자신입니다. 그 생명의 말씀이 육신이 되어 나타나신 분이 예수 그리스도이십니다.

요한복음 1장 14절에는 "말씀이 육신이 되어 우리 가운데 거하시매 우리가 그의 영광을 보니 아버지의 독생자의 영광이요 은혜와 진리가 충만하더라"고 말씀하고 있습니다.

> 요한복음 6장 55-58절
> "내 살은 참된 양식이요 내 피는 참된 음료로다
> 내 살을 먹고 내 피를 마시는 자는
> 내 안에 거하고 나도 그의 안에 거하나니
> 살아 계신 아버지께서 나를 보내시매
> 내가 아버지로 말미암아 사는 것같이
> 나를 먹는 그 사람도 나로 말미암아 살리라
> 이것은 하늘에서 내려온 떡이니
> 조상들이 먹고도 죽은 그것과 같지 아니하여
> 이 떡을 먹는 자는 영원히 살리라."

예수님은 자신을 하늘에서 내려온 떡이라고 말씀하고 있습니다. 우리는 이 말씀과 연결해서 성찬예식을 생각할 수 있습니다. 성찬은 예수님을 기념하는 예식으로, 떡과 포도주가 예수님의 살과 피를 상징하므로 우리가 예수님과 하나가 되었다는 선언이고 선포입니다. 예수님의 몸이 내 신체의 일부가 되고, 예수님의 피가 내 심장에 흘러 나를 살게 하고 있음을 알아야 합니다. 예수님은 하늘에서 내려온 생명의 떡이고 참된 음료입니다.

오늘 우리들은 예수 그리스도를 영접하고 그의 말씀대로 살아갈 때 생명의 양식을 먹고 사는 것입니다. 이 양식은 이 세상 모든 사람들에게 필요한 양식입니다. 우리가 일용할 양식을 구하는 기도를 할 때마다 무엇보다 예수 그리스도가 내 영혼에 절대적으로 필요한 생명의 양식이심을 기억해야 합니다.

그리고 우리는 주의 뜻을 행하기 위해 일용할 양식을 매일매일 공급받으며, 그 말씀이 삶 가운데 이루어지도록 합당한 삶을 살아가야 할 것입니다.

행복한 사람들의 기도

오늘 우리는 우리에게 일용할 양식을 주신 하나님께 감사를 드려야 합니다. 우리에게 거할 처소와 먹을 양식이 있고 입을 옷이 있음을 감사할 뿐 아니라, 특별히 가난한 이웃들에게 일용할 양식을 주시기를 기도하며, 그리스도인으로서 나누는 삶을 살아가야 합니다. 또한 우리는 예수 그리스도와 말씀을 내 삶 속에 최고의 양식으로 삼고 살아가야 합니다.

첫째, 인류 역사와 생명을 주관하고 다스리시는 하나님께 일용할 양식을 구하십시오.

옛날에 한 임금님이 맛있는 요리를 먹고 감탄했습니다.
"내가 지금껏 먹어본 요리 중에서 이 음식이 제일이었다. 이 훌륭한 요리를 만든 요리사에게 많은 상을 주어야겠다."

요리사는 임금님 앞에 와서 이렇게 말했습니다.

"임금님, 칭찬해 주시니 대단히 감사합니다. 그러나 이 요리는 제 기술이 좋아서가 아닙니다. 만약 좋은 채소를 판매한 사람이 없었다면 제가 어떻게 맛있는 요리를 만들 수 있었겠습니까? 칭찬해 주시려거든 그 채소 장수를 칭찬해 주십시오."

임금님이 채소 장수를 불러 칭찬하자 그는 또 이렇게 말했습니다.

"임금님, 그건 천만의 말씀입니다. 저는 그저 채소를 팔았을 뿐이고 칭찬받을 사람은 제가 아니라 그 채소를 키운 농사꾼이겠지요."

이번에는 농사꾼이 불려 갔습니다. 그리고 자신이 농사한 채소가 세상에서 가장 맛있다는 얘기를 듣자 깜짝 놀라며 이렇게 말하는 것이었습니다.

"임금님, 그것은 틀립니다. 저는 그저 손질만 했을 뿐입니다. 제가 땅을 갈아 씨앗을 심어도 때에 따라 비를 주시고 햇빛을 주시는 분이 없으면 저는 잎사귀 하나, 열매 하나 만들지 못하였을 것입니다. 감사의 인사는 하늘에 계신 하나님께 드려야 하는 게 당연하다고 생각합니다."

이처럼 우리는 날마다 일용할 양식을 주시는 하나님께 감사드리며, 나의 모든 것이 하나님의 전적인 은혜임을 알고 살아가야 할 것입니다.

조지 뮬러George Muller, 1805.9.27~1898.3.10는 1805년 9월 27일 프로이센 왕국 할버스태트Halberstaedt에서 가까운 크로펜스타드에서 태어났습니다. 그의 부모는 1810년 1월에 그곳으로 이사했는데 아버지는 세무 공무원이었습니다. 뮬러는 자신의 성장기 당시 부끄러운 모습을 자서전에서 이렇게 고백하고 있습니다.

"나는 열 살도 채 되기 전부터 아버지에게 위탁된 공금을 자주 훔쳐서 숨기곤 했었습니다."

그는 어린 시절 아버지에게 이따금 벌을 받았지만 반성하지 않았습니다.

뮬러는 후에 믿음을 갖게 되었고, 영국 브리스톨에 보육원을 세웠습니다. 그는 그 누구에게도 물질을 요구하지 않으면서 오직 기도와 믿음으로 아이들의 모든 필요를 채워 주기로 했습니다. 1836년 4월 최초의 보육원이 문을 열었고, 소녀 30명을 받았습니다. 그리고 1870년까지 학교가 있는 5개의 큰 보육원에서 2천여 명을 돌보았습니다.

그는 성경 연구와 고아원 사역에서 필요한 모든 경제적·물질적 필요와 개인적 삶의 필요를 오직 하나님 한 분께 아뢰고 응답받음으로써, 하나님은 '어제나 오늘이나 영원토록 동일하신 분'임을 모두에게 보여주었습니다. 뮬러는 이러한 믿음과 기도로 63년 동안 750만 달러 한화로 약 30억 원 이상을 하나님께로부터 받았습니다.

사실 그가 처음 고아원 사역을 시작할 때 준비된 것이라곤 선물로 받은 접시 3개, 쟁반 28개, 물병 1개, 컵 1개, 소금병 받침 3개, 칼 4개와 포크 4개, 채소를 깎는 강판薑板 1개뿐이었습니다.

그러나 그는 수많은 고아들을 먹여 살리는 데 정부의 힘을 빌리지도 않았고, 특정한 부자에게 손을 내밀지도 않았습니다. 뮬러는 철저히 하나님의 은혜로 살며, 전체적인 삶의 중심을 하나님께 두고 기도했습니다. 그는 하나님의 약속된 말씀에 의탁하여 성경적인 기도 생활을 추구하며 그 응답으로 매일 양식을 공급받았습니다.

뮬러는 성경을 200번 통독한 것으로 유명합니다. 그중에 100번은 무릎을 꿇고 말씀을 읽었다고 합니다. 그는 말년에 고아원 운영을 제임스 라이트에게 맡기고, 유럽 전역과 북미, 호주, 아시아 각국을 여행하면서 자신이 체험한 하나님의 살아 계심을 증거했습니다. 그의 메시지는 단순하면서도 힘이 있었습니다.

1898년 3월 10일 이른 아침, 조지 뮬러는 평온히 잠든 채 발견되었습니다. 전날까지 일상 업무에 분주했고, 평상시와 같이 기도회에 참석했습니다. 그리고 아무런 고통도 없이 조용히 하나님의 부르심을 받았습니다.

그는 하나님의 부르심을 받을 때까지 끊임없이 기도하고 하나님의 사랑을 실천한 사람이었습니다. 조지 뮬러가 5만 번이나 기도 응답을 받았던 것은, 하나님을 신뢰할 때 어떤 일이 일어나는지를 보여주고 있습니다. 우리들의 기도는 우리에게 일용할 양식을 주시는 하나님 한 분만을 전적으로 신뢰하는 것이어야 합니다.

하나님은 천지만물을 지으시고 공중의 새와 들의 백합화뿐만 아니라 이름 없는 들풀까지도 풍족함으로 먹이시고 아름답게 자라도록 하십니다. 하나님께서는 이스라엘 백성들을 출애굽 시키시고, 메마른 광야에서 하늘 창고에 보관하신 풍족한 양식으로 때를 따라 만나를 내려서 먹여 주셨습니다.

하나님은 그의 사랑하는 자녀들이 어디를 가든지 보호하시고 책임져 주십니다. 우리들이 아버지 되신 하나님께 날마다 일용할 양식을 구하는 것은 자녀로서 당연한 것입니다.

우리들은 생명의 주인이신 하나님의 은혜 아래 날마다 일용할 양식을 구하는 자녀 됨의 기쁨과 행복으로 살아가야 합니다.

둘째, 우리 모두를 위해 양식의 절제와 나눔의 삶을 사십시오.

워털루waterloo 전쟁의 영웅 웰링턴Arthur Wellesley, 1st duke of Wellington, 1769.5.1~1852.9.14 장군이 나폴레옹을 물리친 승전기념 파티를 열었습니다. 육군, 해군, 공군의 장성들과 공을 세운 장교들이 모두 모였습니다.

웰링턴은 하객들에게 보석이 촘촘히 박힌 지갑을 자랑하고 싶었습니다. 그런데 방금까지 주머니에 있던 지갑이 사라져 버렸습니다. 웰링턴은 하객들을 향해 소리쳤습니다.

"보석지갑을 훔쳐간 범인을 잡겠다. 문을 닫아라."

하객들은 호주머니 검사를 하자고 소리쳤습니다. 그때 한 노장군이 호주머니 검사를 반대했습니다. 사람들은 노장군을 의심의 눈빛으로 바라보았습니다. 노장군은 황급히 문을 박차고 밖으로 나가버렸습니다. 결국 노장군이 범인으로 몰렸습니다.

1년 후 다시 파티가 열렸습니다. 외투를 입던 웰링턴은 깜짝 놀랐습니다. 도둑맞은 줄 알았던 보석지갑이 외투 주머니에 들어 있었습니다. 웰링턴은 황급히 노장군을 찾아가 용서를 구했습니다.

"왜 검사를 거부했습니까?"

노장군이 대답했습니다.

"사실 그날 밤 아내와 아이들이 굶고 있었습니다. 제 주머니에는 가족에게 주기 위하여 파티 때 감춘 빵 몇 조각이 들어 있었습니다."

그 말을 들은 웰링턴은 통곡을 하며 용서를 구했습니다. 웰링턴이 호화스런 잔치를 여는 동안 부하의 가족들은 굶주리고 있는데 자기만 혼자 교만하게 호화 잔치를 벌인 일을 통곡하며 회개했습니다. 웰링턴 장군은 많은 선후배 장교의 희생으로 승전했음에도 자신만 모든 영광을 차지한 것도 크게 통곡했습니다.

웰링턴 장군은 유명한 워털루 전쟁을 이끈 영웅입니다. 그러나 겸손을 향한 웰링턴의 통곡은 더욱 그의 영웅 됨을 보여주는 것 같습니다. 오늘 우리도 나의 주변과 가까이 있는 사람을 살피고 돌볼 줄 아는 겸손을 향한 통곡 속에 진정한 영웅이 되어야 합니다.

우리는 나만 평안하고 형통한 삶을 살려는 것이 아니라 이웃에게 작은 관심과 배려를 갖고 나눔을 실천하며 하나님의 나라가 점점 확장되도록 해야 합니다.

경상북도 경주시 교동 69번지에 가면 민속자료 제27호로 지정된 교동 최 씨 고택이 있습니다. 경주 첨성대에서 5분 거리에 위치해 있습니다. 최 부자 집안은 병자호란 때 숨진 최진립 전라도 수군절도사 등을 역임의 공신 토지를 기반으로 만 석이 넘는 재산을 일으켰습니다.

경주 최 부잣집 가문의 내력을 보면 1600년대 초 1대 최진립 1568~1636과 그의 아들 최동량이 터전을 이루고, 손자인 최국선 1631~1682으로부터 12세손인 최준 1884~1970에 이르기까지 약 300년 동안 부를 누렸습니다. 최준 선생은 상해 임시정부에 자금을 지원한 독립운동가였고, 영남대학의 전신인 대구대와 청구대를 설립한 교육사업가로 우리 근대사에 큰 족적을 남겼습니다.

경주 교동 최 씨 고택을 살펴보면, 그 안에 녹아 있는 부富에 대한 철학이 있습니다. 곳간 앞에는 집안을 다스려 온 지침의 '육훈'과 자신을 지키는 지침인 '육연'이 세워져 있습니다. 집안을 다스리는 지침인 육훈六訓의 내용을 보면 이렇습니다.

첫째, '벼슬을 하되 진사 이상은 하지 마라.'

둘째, '만 석 이상의 재산은 쌓지 마라.' 이는 욕심을 부리지 말고 사회에 환원하라는 의미입니다.

셋째, '흉년기에는 땅을 사지 마라.' 남들의 고통을 부의 축적 수단으로 삼지 말라는 것입니다.

넷째, '과객을 후하게 대접하라.' 이것이 활빈당 사건 등 사회적 혼란기에도 일가가 화를 면하고, 부富는 물론 생명을 유지할 수 있었던 결정적인 이유라고 합니다.

다섯째, '사방 100리 안에 굶어 죽는 사람이 없게 하라.'

여섯째, '시집온 며느리는 3년간 무명옷을 입어라.' 부富를 드러내지 말고 검소하게 살라는 뜻입니다.

이 집안 역시 300년 동안 가실소완복家室少完福이란 말처럼 완전한 복을 갖추지는 않았습니다. 후손이 없어 양자를 들이기도 하였고, 과거에 낙방하는 대代도 있었습니다. 그럼에도 불구하고 이 집안이 300년이란 오랜 기간 동안 부와 명예를 지키며 남들로부터 칭송을 받아 온 이유가 어디에 있는지를 알 수 있습니다.

경주 교동의 최 씨 집안은 우리에게 잘 살았다는 것이 무엇을 의미하는가를 말해 주고 있습니다. 어떻게 살아야 잘 살았다고 할 수 있습니까? 우리가 신앙생활을 잘한다는 것은 무엇을 의미합니까? 어떻게 예수 그리스도를 믿어야 잘 믿는다고 말할 수 있습니까? 어떠한 삶이 나와 내 자녀들이 살아가게 될 이 땅 가운데 소망과 희망이 있는 삶이 되겠습니까?

그것은 주님께서 우리를 사랑하심과 같이 이웃을 사랑하며 빛과 소금으로 살아가는 것입니다. 더 나아가 부르심에 합당한 섬김과 사랑의 자리에 항상 머물 수 있기를 바랍니다.

셋째, 예수님은 생명의 양식입니다.

어느 날 세계적인 복음 전도자 오스본T.L. Osborn 목사님이 배를 타기 위해 항구에서 기다리던 중 재미있는 광경을 보았습니다. 신기하게도 돼지 떼가 줄줄이 열을 지어서 돼지 몰이꾼을 따라가는 모습이었습니다. 오스본 목사님은 지금까지 돼지 몰이꾼들이 땀을 흘리며 힘들게 돼지를 몰아가는 모습, 돼지들이 아무 곳에나 허우적거리며 마음대로 가는 것은 많이 보아 왔지만, 이렇게 여러 마리의 돼지가, 그것도 뒤에서 몰고 가는 것이 아니라 앞에서 이끌고 가는 몰이꾼을 고분고분 따라가는 것은 처음이라 너무 신기했습니다. 그래서 돼지가 가는 곳을 끝까지 따라가 보았습니다.

무엇에 홀린 듯이 몰이꾼을 따르던 돼지들이 도착한 곳은 도살장이었습니다. 그런데도 돼지들은 거침없이 도살장의 큰 쇠창살로 된 문으로 몰려들어 갔습니다.

우습기도 하고 미련하기도 한 돼지 떼의 거동에 넋을 잃고 우두커니 보고 있던 목사님은 그 몰이꾼이 나오기를 기다렸습니다. 그가 나오자 목사님은 그의 신기한 돼지 몰이 기술에 대하여 감탄하면서 그 비결을 물었습니다. 그러자 돼지 몰이꾼이 빙그레 웃으면서 말했습니다.

"간단합니다. 그놈들은 콩을 좋아하거든요. 가면서 콩을 한 움큼씩 길바닥에 뿌려 주면 됩니다. 그놈들은 나를 따라오는 게 아니라 콩을 따라오는 거예요. 정신없이 콩만 주워 먹으면서 제 죽을 곳으로 가는 것도 모르고 가지요."

바로 목전의 이익과 쾌락에만 심취되어 살아가는 사람은 도살장으로 가는 돼지와 다를 바가 없을 것입니다. 마귀는 우리 앞에 달콤한 죄와 욕망의 콩을 흘립니다. 그 콩을 주워 먹으며 계속 따라가는 사람의 종착지는 결국 사망의 도살장이 될 것입니다.

우리들은 항상 주님을 향하여 생명의 떡인 말씀에 귀를 열어 놓고 혼돈으로 가득 찬 이 세상에서 선과 악을, 의와 불의를, 참과 거짓을 분별하고, 거짓된 자아에 속지 않는 지혜로운 사람이 되어야 합니다.

1860년대 미국은 남북전쟁으로 인하여 무법천지였습니다. 약탈자들이 도둑질과 살인을 서슴지 않았습니다. 가축과 흑인 노예는 그들이 노리는 탈취물이었으며, 탈취한 노예를 내다 팔았습니다.

이런 살벌한 분위기 속에서 한 시골에 조그마한 농장을 소유하고 있는 백인 농장주인 모세스 카버가 살고 있었습니다. 그들에겐 가족처럼 지내는, 젖먹이를 가진 메리라는 흑인 여자 노예가 있었습니다. 그녀는 남편이 사고로 죽어 홀로 된 여인이었습니다. 모세스 카버의 농장도 약탈자의 손을 피해 가지 못했습니다. 약탈자들이 들이닥쳐 농장을 초토화시켜놓고, 여자 노예인 메리와 어린 젖먹이 아들을 탈취해 갔습니다.

모세스는 흑인 노예인 메리를 탈취해 간 폭도들을 뒤쫓았으나 찾지 못하고 겨우 다 죽어가는 그의 아들 젖먹이를 말 한 필을 주고 데리고 옵니다. 모세스의 아내 수잔은 죽을 것 같았던 어린 젖먹이 흑인을 살려내서 잘 키웁니다. 이 흑인 아이가 바로 '땅콩박사'로 미국 사회를 변화시킨 농화학자이자 과학자인 '조지 워싱턴 카버'George Washington Carver 1864~1943입니다.

흑인 노예의 아들로 태어나 아버지도 죽고, 어머니의 생사도 모르고, 허약체질이었던 카버가 '땅콩박사'가 된 것입니다. 그 당시 흑인은 개와 돼지로 취급받았습니다. 이러한 악조건의 환경 가운데 허약한 몸으로 태어났지만 그는 거기에 굴하지 않았습니다. 목화 재배로 척박해질 대로 척박해진 수백만 에이커의 땅을 개량하고 거기에 심을 수 있는 새로운 품종의 작물을 찾아 연구에 매달렸습니다.

그래서 목화 대신 땅콩을 심어 농민들의 생활을 부유하게 해야겠다고 생각하고 남부의 모든 사람들에게 땅콩을 심자고 격려했습니다. 그런데 문제가 생겼습니다. 모든 사람이 목화를 다 갈아엎고 땅콩을 심자 땅콩이 과잉 생산되어 농민들이 또 어려움을 겪게 된 것입니다.

카버 박사는 새로운 고민에 빠져 기도하기 시작했습니다. 오랜 연구와 기도하는 가운데 하나님께서 특별한 지혜를 주셔서 치즈, 우유, 잉크, 약용기름 등, 가공식품과 공업생산품 300여 개를 땅콩 속에서 만들어 낸 것입니다.

어느 날, 상원의원들이 카버 박사를 불러 이야기를 나누었습니다.

"대체 당신은 어떻게 해서 이런 좋은 것을 발견했습니까?"

"제일 오래된 책에서 배웠습니다."

"그 오래된 책이 무엇입니까?"

"성경입니다."

"그럼 성경 속에 땅콩에 대한 얘기가 들어 있단 말입니까?"

"아닙니다. 성경은 땅콩을 만드신 하나님에 대한 이야기로 가득 차 있습니다. 땅콩을 만드신 하나님께 이 땅콩을 어떻게 하면 좋겠느냐고 물었습니다. 그러자 하나님께서 300여 가지가 넘는 제품을 만들 수 있도록 제게 지혜를 주셨습니다."

카버 박사는 땅콩 때문에 고민이 생겼을 때, 땅콩을 먼저 연구하기 전에 땅콩을 만드신 창조주 하나님을 먼저 찾았습니다. 그리고 그분의 이야기가 기록된 성경을 통해 배웠습니다. 카버 박사가 가진 유일한 힘과 지혜는 우주만물을 만드시고 주관하시는 하나님과 성경의 말씀이었습니다. 그는 생명의 떡인 말씀 속에서 언제나 인도함을 받았고 미국인들이 가장 존경하는 과학자가 되었습니다.

예수님은 하늘에서 내려오는 생명의 떡이 되셔서 우리를 구원하시고 말씀을 통하여 생명을 주시고 풍성한 양식으로 행복한 삶을 살아가게 하십니다.

요한복음 6장 48-50절
"내가 곧 생명의 떡이니라
너희 조상들은 광야에서 만나를 먹었어도 죽었거니와
이는 하늘에서 내려오는 떡이니
사람으로 하여금 먹고 죽지 아니하게 하는 것이니라."

    우리는 하늘에서 내려온 떡, 영원한 생명의 떡에 대한 사모함을 가지고, 마음의 빈자리에 하늘의 만나를 내려 달라고 기도하며 살아야 합니다. 우리가 예배를 드리는 것도 하늘로부터 내려주시는 생명의 떡을 먹기 위함입니다. 우리들은 언제나 주님의 말씀을 듣고 묵상하고 기도하며 영적인 자양분을 섭취해야 합니다. 그리하여 날마다 생명의 떡으로 복된 삶을 가꿔 가기를 소망합니다.

주기도문
행복한
사람들의 기도

다섯 번째 청원

**"우리가 우리에게
잘못한 사람을 용서하여 준 것같이
우리 죄를 용서하여 주시고"**

창문 열기

예수님은 우리의 죄악을 용서하고 구원하시기 위해 오셨습니다. 우리들은 조건 없는 은혜로 죄 용서를 받은 자로서 형제의 잘못을 용서하고 용납하며 살아야 합니다. 용서하지 않고 용납하지 못하는 것은, 하나님 앞에 내가 다시 건너야 할 다리를 파괴하는 위험한 일이 될 수 있습니다. 우리는 하나님 앞에 죄인으로서 용서받고 용서하며 살아야 합니다. 용서는 하나님의 자녀 된 자의 의무이자 특권입니다.

우리가 우리에게
잘못한 사람을 용서하여 준 것같이
우리 죄를 용서하여 주시고

우리가 우리에게 잘못한 사람을 용서하여 준 것같이

마태복음에는 "우리가 우리에게 죄지은 자를 사하여 준 것같이 우리 죄를 사하여 주시옵고"라고 되어 있는데, 헬라어로 '오페이레마타' ofeilhmata 의 단어를 사용하여 "빚진 자를 탕감하여 준 것같이 우리 빚도 탕감하여 주시옵고"라고 되어 있습니다.

누가복음에는 "우리가 우리에게 죄 지은 모든 사람을 용서하오니 우리 죄도 사하여 주시옵고"라고 되어 있는데, '죄'를 뜻하는 헬라어 '하마르티아' hamartia 라는 단어를 사용하여 '죄도 사하여 주옵시고'로 되어 있습니다.

우리가 보기에 빚과 죄는 다르게 생각되기도 하는데 같은 의미를 가지고 있는 기도의 내용입니다. 이것을 마태복음에서는 조금 더 쉽게 피부에 와닿도록 비유와 은유가 담긴 '빚'으로 표현하고 있는 것입니다.

마태복음과 누가복음의 내용을 포함하여 현재 주기도문에서는 "우리가 우리에게 잘못한 사람을 용서하여 준 것같이 우리 죄를 용서하여 주시고"로 단어를 바꾸어 선택하였습니다.

우리가 주기도문에서 오해할 수 있는 부분은 '우리가 우리에게 잘못한 사람을 용서하여 준 것같이 우리 죄를 용서하여 주시라'는 것을 조건으로 해석하는 것입니다. 내가 다른 사람의 죄를 용서해 준 공로와 근거로 용서가 가능하다고 생각할 수 있습니다. 그러나 헬라어의 문장을 보면 "우리 죄를 용서하여 주시고"가 앞에 나오고 "우리가 우리에게 잘못할 사람을 용서하여 준 것같이"가 뒤에 나옵니다. 곧 우리가 다른 사람과 관계가 깨어졌다면 하나님과의 관계가 위태로움을 말씀하고 있습니다.

마태복음 6장 14-15절
"너희가 사람의 잘못을 용서하면
너희 하늘 아버지께서도 너희 잘못을 용서하시려니와
너희가 사람의 잘못을 용서하지 아니하면
너희 아버지께서도 너희 잘못을 용서하지 아니하시리라."

특별히 이 말씀은 하나님께서 우리의 죄 용서를 취소하신다는 말씀으로 해석하면 안 되고, 하나님의 죄 용서를 경험한 사람이라면 형제의 허물과 잘못을 용서해 주어야 함을 강조하는 말씀으로 받아야 합니다. 우리는 하나님 앞에 언제든지 죄를 범하는 죄인임을 알아야 됩니다.

우리가 기억해야 할 것은, 하나님의 용서하심은 조건 없이 은혜로 주어진다는 사실입니다. 우리들이 하나님께 받은 은혜는 우리가 용서해야 할 죄와는 비교할 수 없을 만큼 큽니다. 우리는 하나님의 용서를 경험한 자로서 다른 사람의 잘못을 용서하고 용납해야 합니다. 즉, 하나님께로부터 죄를 용서받은 것처럼 용서하며 살아가겠다는 의무와 서약이 담긴 기도라고 할 수 있습니다.

우리 죄를 용서하여 주시고

"우리 죄를 용서하여 주시고"란 우리가 죄를 지었다는 것이 전제되어 있습니다. 그렇다면 무슨 죄가 있다는 말입니까? 신학적으로 말하면 원죄peccatum originale와 자범죄actual sin로 구분할 수 있습니다. 원죄란 아담으로부터 유전된 것으로 사람이 태어날 때부터 생명 안에 현존하는 죄의 내적 뿌리를 말합니다. 자범죄란 실제적인 죄로 마음속에서 이루어지는 의식적인 의심이나 악한 생각과 계획뿐만 아니라 일상에서 행하며 짓고 있는 잘못된 것들을 말합니다. 로마서 3장 10절에 "의인은 없나니 하나도 없으며"라고 말씀합니다. 이 말씀은 모두 다 죄 아래 있음을 말하며 다른 사람을 구원할 자가 없다는 것입니다.

예수님께서 이 땅에 오신 목적은 죄 많은 우리를 구원하시는 것입니다. 우리는 모두 다 예수 그리스도가 필요한 사람들입니다. 우리는 예수 그리스도의 죽으심과 부활하심을 믿음으로 죄사함 받았고, 의롭게 되었으며, 하나님의 자녀가 되는 특권을 받았습니다. 예수 그리스도 때문에 의인이 된 것입니다.

더 나아가 이 기도 속에는 우리 자신이 예수님을 믿어도 날마다 죄를 지을 수밖에 없는 연약한 존재란 사실이 전제되어 있습니다. 사람은 육신의 몸을 입고 이 땅에 사는 동안 자신과 이웃과의 관계 속에서 끊임없이 죄를 짓고 살 뿐 아니라 서로 상처를 주고받으며 죄를 벗어날 수 없습니다.

그러므로 우리들은 하나님께로부터 계속적으로 용서받아야 할 존재라는 사실이 전제되어 있음을 잊지 않아야 됩니다. 즉, 하나님으로부터 주어지는 십자가의 사랑과 용서의 흐름이 나에게서 멈추지 않고 내 이웃에게 흘러가도록 해야 합니다. 우리 모두는 죄인으로서 하나님 앞에 용서를 구하고 용서하며 살아야 합니다.

"우리가 우리에게 잘못한 사람을 용서하여 준 것같이 우리 죄를 용서하여 주시고"는 예수님을 믿는 자들에게 주신 특권이고 용서받은 자들에게 주신 특권입니다. 용서 안에서 참된 자유와 기쁨을 누리고 살아가는 하나님의 백성이 될 수 있어야 합니다.

〈성경에서 말하는 죄〉

구약성경에서 죄를 가리키는 단어로는 '하타아트'hattat-빗나감, 실수, '레샤'resa-사악, 혼란, '아원'awon-죄악, 왜곡, '페샤'pesa-위법, 반역, '마알'maal-불법, 배임, '아샴'asam-실수, 태만, 범죄, '아웰'awel-불의 등이 있습니다.

신약성경에서 죄라는 단어로 대표적인 것은 하마르티아 hamartia를 쓰고 있습니다. 이 뜻은 화살이 과녁을 맞히지 못하고 빗나간 상태를 말합니다. 즉 우리들의 존재와 삶의 표적이 하나님께로 향하지 않고 자신의 생각과 욕심대로 살아가는 상태가 죄입니다.

파라바시스parabasis란 단어는 하나님이 정하신 생명선을 따라 가지 않고 법을 어기며 위반한 것을 말합니다.

아노미아anomia란 단어는 이것이 옳지 않고 죄스러운 불법 행위인 것을 알면서도 계속 잘못된 자리에 머물러 있는 것을 말합니다.

이 외에도 아디키아adikia-불의, 파랍토마 paraptoma-타락, 파라노미아paranomia-범법 등이 있습니다.

행복한 사람들의 기도

우리의 죄는 오직 예수 그리스도만이 용서할 수 있습니다. 우리는 예수 그리스도로 말미암아 의인이 되었습니다. 그 은혜를 입은 자로서 용서하기 힘든 그 어떤 자리에서라도 용서하며 살기 위하여 기도의 자리를 만들어야 합니다. 결국 기도에 힘입어 용서받은 자로서의 사명을 가지고 십자가의 아픔과 고통을 겪는 자리일지라도 용서의 창문을 열고 살아갈 수 있어야 합니다.

첫째, 예수님만이 우리의 죄를 용서하시는 분입니다.

우리가 신앙생활 하는 가장 중요한 목적은 죄 용서를 받기 위함입니다. 예수님께서 이 땅에 오신 목적은 우리로 하여금 멸망하지 않고 영생을 얻게 하시는 것입니다. 죄 사함의 비밀은 오직 예수 그리스도에게만 있습니다. 누구든지 십자가의 공로를 믿고 의지하는 사람은 죄 사함을 받고 하나님의 자녀로 구원에 이르게 됩니다.

이사야 1장 18절
"여호와께서 말씀하시되 오라 우리가 서로 변론하자 너희의 죄가 주홍 같을지라도 눈과 같이 희어질 것이요 진홍같이 붉을지라도 양털같이 희게 되리라."

스코틀랜드에 브라운로 노스Brownlow North라는 청년은 잘생겼고 부자인 데다가 춤도 잘 추며 말도 잘 탔습니다. 그가 열아홉 명의 처녀에게 차례차례 청혼했을 때 그녀들은 모두 노스에게 쉽사리 빠져들었습니다.

그러나 그는 술과 노름과 향락에 취해 살았고, 그러던 중에 심각한 병에 걸리고 말았습니다. 병에 걸린 그는 어느 날 '내 마음의 악을 따라 살아왔던 지난 44년이 내게 무슨 유익이란 말인가? 얼마 안 있으면 나는 지옥에 있게 될 텐데…'라는 생각을 하면서, 결국 이 세상에 하나님의 자비 외에는 소망이 없음을 깨닫게 되었습니다. 그리고 그것은 구하지 않으면 얻을 수 없다는 것도 알았습니다.

그는 하나님의 은혜를 사모하고 기도하며 새로운 사람으로 변화되기 시작했습니다. 이후에 평신도 설교자가 되어 스코틀랜드 전역의 교회를 다니며 복음을 증거했습니다.

그러던 어느 날, 한 사람이 노스에게 편지를 건네주며 설교하기 전에 읽어 달라고 부탁했습니다. 그 편지에는 노스의 과거가 낱낱이 쓰여 있었고, '당신은 그렇게 끔찍한 죄인이면서 어떻게 감히 오늘 밤에 기도하며 사람들에게 설교할 수 있습니까?'라는 말이 덧붙여 있었습니다.

강단에 선 노스는 설교하기 전에 그 편지를 조용히 읽어 내려갔습니다. 그러자 사람들 사이에서는 깊은 침묵이 흘렀습니다. 그는 입을 열었습니다.

"제가 읽은 모든 내용은 사실입니다. 이것은 타락한 죄인이었던 때의 제 모습 그대로입니다. 그러나 오늘 밤 여러분 앞에 서 있는 저는 하나님께서 죄와 허물로 죽었던 저를 일으키셔서 은혜의 도구가 되게 하셨습니다. 과거의 모든 죄를 어린양의 속죄 피로 깨끗하게 하셨습니다. 사실을 깨달은 자로 만들어 주셨습니다. 그 은혜는 참으로 놀라운 것임에 틀림없습니다. 제가 지금 여러분에게 이야기해야 할 것은 바로 그분의 구속의 은혜와 사랑입니다."

오늘 우리는 깨끗하고 고귀하기 때문에 하나님 앞에 서 있는 것이 아닙니다. 우리의 죄를 깨끗하게 용서해 주시는 하나님의 끝없는 구속의 사랑과 은혜가 있기 때문임을 기억해야 합니다.

베드로전서 2장 24절
"친히 나무에 달려 그 몸으로 우리 죄를 담당하셨으니
이는 우리로 죄에 대하여 죽고 의에 대하여 살게 하려 하심이라
그가 채찍에 맞음으로 너희는 나음을 얻었나니."

연세대학교 중앙도서관 앞에는 연세대학교 초대 총장과 우리나라 초대 문교부 장관을 지냈던 백낙준 박사白樂濬, 1896.3.9 ~1985.1.13의 동상이 세워져 있습니다. 백낙준 박사의 가족은 평안북도 정주에서 살았습니다. 그의 아버지 백사경은 불행스럽게도 앞을 못 보는 시각장애인이었습니다. 그러나 그는 점을 잘 보기로 소문이 나서 돈을 많이 벌어 떵떵거리며 살았습니다.

그런데 어느 날 복음을 전하는 한 전도자가 백사경의 집에 들어와 전도지를 주면서, 당신의 영혼이나 후손들의 장래를 생각해서 점치는 생활을 청산하고 예수를 믿으라고 전도했습니다. 백사경은 전도자에게 호통을 치며 당장 나가라며 소리를 쳤고, 전도자도 당신이 계속 이렇게 살면 죽어서 지옥 가는 것은 물론이고 자손들도 망할 것이라고 큰소리를 쳤습니다.

그런데 그 일이 있고 난 후부터 백사경은 밤이면 잠을 잘 이루지 못하고, 잠만 자려고 하면 그 전도자의 소리가 자꾸 귀에 쟁쟁하게 들려왔습니다.

"자식 멸망 받을 짓 그만두고 예수 믿고 천당 가시오."

그 소리가 밤마다 들려와 잊으려고 발버둥을 쳐도 자꾸만 생각이 나서 잠을 잘 수가 없었습니다.

몇 날 며칠을 불면증에 시달리며 괴로워하던 그는 결국 병을 얻게 되었고, 병상에 누운 백사경은 문득 그때 그 전도자가 준 전도지가 생각나서 부인에게 전도지를 꺼내 읽어 달라고 했습니다. 그리고 전도지 내용을 듣는 순간에 성령의 감동을 받고 몸을 추스르며 주일에는 스스로 교회를 찾았습니다.

목사님과 온 교우들은 점쟁이 백사경이 왜 교회를 찾아왔는지 의아해하고 크게 놀랐습니다. 그는 그 자리에서 회개하고 점치는 일을 그만두었습니다. 그리고 예수님을 믿기로 작정하고 자신의 전 재산을 바쳐 교회와 학교를 세웠습니다.

그러다 보니 나중에는 오갈 데도 없이 가난해지고 말았습니다. 그 소식을 들은 매큔George s. McCune, 윤산온, 1872~1941 선교사가 백사경의 가족들을 교회에서 관리인으로 봉사하게 했습니다.

매큔 선교사는 그 아들인 백낙준에게 영어를 가르치고, 영창중학교에 입학시켜 공부도 시켰고, 졸업 후에는 그를 중국으로 데리고 가서 신성고등학교를 마치게 하였습니다. 그 후 미국으로 유학을 보내서 유명한 파크대학과 프린스턴대학을 졸업하게 하였고, 예일대학에서 철학박사 학위까지 받게 했습니다.

그는 귀국하여 연세대에서 교수와 초대 총장이 되었으며, 문교부 장관까지 지냈습니다. 세상에서 가장 불행했던 한 사람이 이름 없는 전도자가 전해준 복음을 받아들였을 때, 본인은 물론이고 그의 자녀도 복을 받고 가문이 새로워지는 은총을 누리게 된 것입니다.

둘째, 용서하기 위해 기도하십시오.

우리가 용서하라고 말한다고 해서 그것 자체만으로 기독교라고 할 수는 없습니다. 다른 종교를 믿는 사람들뿐만 아니라 세상 사람들도 용서를 말합니다. 예수님은 용서에 대하여 한 단어를 붙여 주십니다. 그것은 '내가 용서했으니 너희도 용서하라'는 것입니다. '내가 너희를 사랑한 것같이 너희도 사랑하라'는 것입니다. 즉 용서에 집착하면 기독교가 아닙니다. 또한 용서할 수도 없습니다. 우리는 '용서했으니'라는 단어에 집중할 수 있어야 합니다. 그래야 누군가를 용서할 수 있습니다. 용서의 원천은 예수님께서 사랑해주신 그 사랑에 있습니다.

요한복음 13장 34절
"새 계명을 너희에게 주노니 서로 사랑하라
내가 너희를 사랑한 것같이 너희도 서로 사랑하라."

골로새서 3장 13-14절
"주께서 너희를 용서하신 것같이 너희도 그리하고
이 모든 것 위에 사랑을 더하라
이는 온전하게 매는 띠니라."

베드로는 예수님께 형제가 죄를 범했을 때 일곱 번까지 용서하면 되느냐고 물었습니다. 예수님은 "일곱 번뿐 아니라 일곱 번을 일흔 번까지라도 할지니라"라고 말씀하셨습니다. 사실 일곱 번 용서는 자기의 의지와 교양과 성품으로도 가능할 수 있습니다. 그런데 490번의 용서는 자기의 의지와 성품으로는 불가능합니다. 이것은 위로부터 아래로 주어지는 전적인 하나님의 선물과 은총으로 가능하다는 것입니다.

코리 텐 붐Corrie ten Boom, 1892~1983은 《주는 나의 피난처》란 책의 저자로 1892년 네덜란드에서 태어나 언니 벳시와 함께 시계점에서 일하였습니다. 그는 성경공부 모임으로 사람들에게 성경을 가르치며 베이예에서 살았습니다.

그런데 제2차 세계대전이 발발하고 독일군의 나치들은 유대인들을 잡아다 가스실에서 600만 명을 죽였습니다. 당시 코리와 벳시가 죽어 가는 유태인들을 숨겨 주었다는 이유로 온 가족이 나치에 체포된 후, 그녀의 아버지는 극심한 고문으로 얼마 후 곧 사망하였고, 코리와 벳시는 라벤스 브룩의 나치 수용소로 보내졌습니다.

수용소 몇 군데로 옮겨다니는 동안 이루 말할 수 없이 처참한 일을 겪었지만, 그 속에서도 주님과 동행하며 함께한 사람들에게 복음을 전하고 하나님의 위로를 나누는 놀라운 은혜를 체험했습니다.

벳시는 결국 수용소에서 생을 마감했고, 코리와 그녀의 오빠 윌렘만이 살아남은 가운데 전쟁이 끝났습니다.

석방 후부터 1983년에 작고할 때까지 코리 텐 붐 여사는 유럽 전역을 다니며 나치 수용소에서 온갖 핍박과 환난을 당하면서도 부활하신 주님과 동행했던 체험과 더불어, 예수님의 빛만이 어떤 어두움도 밝게 할 수 있고, 하나님의 사랑과 용서는 미움보다 더 강하다고 사람들에게 전파하며 영광스러운 전도자의 삶을 살았습니다.

한 번은 코리 텐 붐 여사가 복음을 증거할 때 성령의 음성이 들려왔습니다.

"독일은 전쟁을 일으킨 민족이기 때문에 지금 큰 상처를 입고 있다. 그들에게 가서 복음을 증거하라."

코리 텐 붐 여사는 싫다고 했습니다.

"하나님께서 가라면 어디든지 가겠습니다. 그렇지만 독일만큼은 못 갑니다. 하나님, 그곳만은 빼주십시오. 독일 사람이 우리 부모님도 죽이고 언니도 죽였습니다. 제가 강제수용소에서 당한 고통은 말로 형용할 수 없습니다. 그 독일 사람에게 가서 제가 복음을 증거할 수는 없습니다."

그때 하나님께서 말씀하셨습니다.

"사랑하는 딸아. 내가 나를 저주하고 욕하며 등진 사람들을 위해서 십자가 진 것을 기억하라. 네가 내 딸이라면 독일 사람에게 가서 복음을 전하라"

그 말씀 앞에 코리 텐 붐 여사는 독일에 가서 복음을 전하게 되었습니다. 그녀가 가는 곳마다 많은 사람들이 눈물을 흘리며 회개하고 주님께 나오는 모습 속에서 보람을 느꼈습니다.

다섯 번째 청원 _ "우리가 우리에게 잘못한 사람을 용서하여 준 것같이 우리 죄를 용서하여 주시고"

그런데 하루는 설교를 마치고 강단에서 내려섰을 때 많은 사람들이 악수를 하기 위해 줄을 섰는데, 허름한 외투를 입은 한 남자가 앞으로 다가오는 것을 보고 여사는 심장이 멎고 온몸의 피가 거꾸로 흐르는 것 같았습니다. 왜냐하면 그는 강제수용소에서 자기에게 무시무시한 고통을 가한 악명 높은 강제수용소 감독이었기 때문입니다.

그 남자는 한겨울 이른 새벽에도 여자 포로들을 나체로 바깥에 서 있게 하고 먹을 것도 주지 않았으며 갖은 횡포를 다해 괴롭혔습니다. 바로 그 사람에게 언니 벳시가 성폭행을 당하고 수많은 고문을 견디지 못하고 끝내 수용소에서 죽었습니다.

강제수용소에서 있었던 악몽 같은 괴로운 기억들이 주마등같이 스치는데 앞에서 바로 그 남자가 손을 내미는 것이었습니다. 그 남자는 전쟁 당시 수많은 여자 포로들을 죽였기 때문에 코리텐 붐 여사를 알아보지 못했으나 그녀는 꿈에도 그 얼굴을 잊을 수가 없었습니다. 도저히 손을 내밀어 그와 악수할 수가 없어서 마음속으로 기도했습니다.

"예수님, 저는 하늘에서 진노의 벼락이 내려 이 사람을 때리기 전에는 용서할 수 없습니다. 저를 도와주십시오. 이 사람만큼은 도저히 용서할 수 없습니다. 예수님, 저를 좀 이해해 주십시오."

그러나 예수님께서는 말씀하셨습니다.

"나를 채찍으로 때리고 침 뱉고 조롱하며 가시관 씌워서 십자가에 못 박아 죽인 사람들을 내가 용서하지 않았느냐? 너도 용서해 주어라."

여사가 뒤돌아서서 "하나님이 도와주지 않으시면 못합니다" 하고 기도하는 가운데 성령의 능력이 임하였고, 여사의 손이 나가서 그 사람의 손을 잡았습니다. 그러자 그 사람은 무거운 입을 열어 이렇게 말했습니다.

"네덜란드 사람인 당신이 전쟁 때 우리 독일 사람이 저지른 죄를 용서하고 복음을 전해 주어서 얼마나 기쁜지 모릅니다. 저는 죄를 많이 지은 사람입니다. 죄를 용서받고 새 사람이 되기 위해서 오늘 주님 앞에 나왔으니 저를 위해서 기도해 주십시오."

그 순간에 갑자기 하늘문이 열리고 주님의 사랑이 여사에게 넘치도록 임했습니다. 순식간에 미움과 원한이 눈 녹듯이 다 녹아 버리고 말았습니다. 코리 텐 붐 여사는 그리스도의 큰 사랑으로 그 사람을 용서해 주었고, 그 사람의 영혼이 구원받기를 위하여 기도해 주었습니다.

코리 텐 붐 여사는 그때 자신의 마음속에 남아있던 쓰라린 원한의 상처가 치료를 받았고, 그 이후로 온 세계를 다니면서 용서와 사랑을 힘있게 전할 수 있었음을 고백합니다.

우리에게는 누군가 악수를 청할 때 용서하기가 쉽지 않은 사람이 있을 수 있습니다. 손이 얼어붙는 듯 내밀어지지 않을 때가 있다면 돌아서서 "하나님, 제가 저 사람을 용서할 수 있는 힘을 주십시오", "하나님, 용서의 문으로 들어가도록 도와주십시오"라고 기도하십시오. 나의 죄를 사하기 위하여 하나님의 아들이 매달려 죽으신 그 십자가 밑에 서면 용서 못할 일이 없을 것입니다.

요한1서 4장 19-21절
"우리가 사랑함은 그가 먼저 우리를 사랑하셨음이라
누구든지 하나님을 사랑하노라 하고
그 형제를 미워하면 이는 거짓말하는 자니
보는 바 그 형제를 사랑하지 아니하는 자는
보지 못하는 바 하나님을 사랑할 수 없느니라
우리가 이 계명을 주께 받았나니
하나님을 사랑하는 자는 또한 그 형제를 사랑할지니라."

셋째, 용서받은 자로 용서하며 살아야 합니다.

하나님의 자녀가 되어 용서받은 자로 살아간다면 용서하며 살아가야 할 사명이 있습니다. 용서는 예수님을 믿는 자들에게 주신 특권이고 용서받은 자들에게 주신 특권입니다.

미국에서 35세 된 목사님이 사냥을 갔다가 멀리 노루 한 마리를 조준하여 쏘았는데, 달려가 보니 노루가 아니라 사람이 총에 맞아 죽어 있었습니다. 법의 심판도 받아야 하지만, 윤리적·도덕적 책임을 지고 목사직을 사임해야 하는 극심한 절망감에 빠졌습니다. '이제 내 인생도, 내 목회도 끝났구나!' 생각했습니다.

교회와 언론이 들끓었습니다. 교인들은 사람을 죽인 목사가 어떻게 목회를 할 수 있느냐고 하며 담임목사직을 사임하고 나가라며 난리가 났습니다. 교회에서 물러날 수밖에 없었습니다.

그때 예상치 못한 일이 벌어졌습니다. 교회 임직자 중 한 사람이 말했습니다.

"여러분! 사람 죽인 젊은 목사님을 어느 교회가 받아 주겠습니까? 우리가 용서하지 않으면 목사님은 평생 갈 곳이 없습니다. 우리가 목사님을 한번 용서합시다!"

이 한 사람의 용서의 제안을 온 교인들이 받아들이고 믿어주며 용서를 베풀어서 목사님은 그 교회에서 계속 사역하게 되었습니다. 그 뒤로 그분의 목회 철학은 '용서'가 되었습니다. 목사님이 십자가의 용서와 사랑을 설교할 때마다 교회는 울음바다가 되었습니다.

바로 그 교회가 최대의 교회로 성장한 달라스 제일침례교회입니다. 그리고 목사님은 미국 침례교 총회장, 세계 침례교 총재를 지냈으며, 54권의 저서를 쓴 크리스웰 Wallie Amos Criswell, 1909~2002 목사입니다.

우리가 예수님을 믿어서 좋은 것이 무엇입니까? 그것은 하나님께서 우리의 모든 허물과 죄를 다 덮어 주시고 용서해 주신다는 것입니다. 그렇기 때문에 주님의 품안이 좋고 사랑이 좋은 것입니다. 교회는 어머니로서 사랑과 긍휼과 자비가 있는 곳입니다. 우리들은 주님으로부터 더 큰 용서와 사랑을 받고 사는 존재로 이웃의 어떠한 허물과 죄도 덮어주고 용서하면서 사는 신앙인이 되어야 합니다.

결론적으로 우리는 하나님과 이웃과의 사이에 꽉 막힌 유리창은 없는지 점검하며 창문을 열고 살아야 합니다. 내 이웃과 용서하고 용서받으며 사랑해야 할 사람은 없습니까? 하나님이 기뻐하는 삶은 바로 용서하고 이해하며 사랑의 마음을 베푸는 데에서 옵니다. 내 주위에 그러한 가족과 이웃이 있다면 매듭을 풀면서 살아야 합니다.

우리는 내게 잘못한 사람, 내게 상처를 입힌 사람, 나를 미워하는 사람까지 용서하는 그 용서를 하기 위해서 십자가의 아픔과 고통을 겪는 자리에 서도록 기도해야 합니다.

종교개혁자 마틴 루터는 "누구를 용서하지 못했거든 주기도문을 암송할 생각도 하지 말라"라고 했습니다. 용서한 자만이 이 기도를 할 수 있습니다.

우리는 날마다 범죄하기 쉬운 사람들입니다. 하나님 앞으로 나와서 용서받으려면 반드시 형제를 용서해야 합니다. 용서하지 않는 것은 내가 다시 건너야 할 다리를 파괴하는 것입니다. 내 주변과 주변의 사람들이 변화되기를 기대하지 마십시오. 모든 이유는 필요하지 않습니다. 이것은 갚을 수 없이 더 큰 용서받은 자의 사명의 길이기 때문입니다.

여섯 번째 청원

"우리를 시험에 빠지지 않게 하시고 악에서 구하소서"

창문 열기

　하나님의 나라가 이 땅에서 이루어지기를 소망하는 모든 그리스도인들은 세상의 죄와 유혹과 악한 세력에서 우리를 구해 달라고 기도합니다. 우리는 연약한 존재이기에 전적인 하나님의 도우심과 보호하심이 있어야 합니다. "우리를 시험에 빠지지 않게 하시고 악에서 구하소서"의 기도는 하나님이 원하시는 바른길을 가겠다는 결단과 함께 하나님께서 모든 악을 제거하실 것을 확신하여 드리는 고백입니다.

우리를 시험에 빠지지 않게 하시고 악에서 구하소서

우리를 시험에 빠지지 않게 하시고

마태복음에서는 "우리를 시험에 들게 하지 마시옵고 다만 악에서 구하시옵소서"라고 되어 있으며, 누가복음에서는 "우리를 시험에 들게 하지 마시옵소서 하라"라고 되어 있고 뒷부분인 "악에서 구하시옵소서"는 생략되어 있습니다.

우리는 마태복음의 주기도문을 보면서 "시험에 들게 하지 마시옵고"와 "악에서 구하시옵소서"라는 2개의 청원이 들어 있다고 생각할 수 있습니다. 그러나 이것은 문학적 표현인 대구법으로, 하나의 청원을 두 측면으로 나눈 것입니다. 내용상 동일한 개념에 속한 하나의 청원입니다.

헬라어의 시험이란 단어는 '페이라스모'로 근원은 '페이라스

모스'peirasmos입니다. 이 단어는 '시험'과 '유혹'이란 두 가지의 의미로 번역될 수 있습니다. 주기도문에서는 사탄의 유혹을 말합니다.

시험은 우리에게 찾아오는 시련이나 고난을 의미하는데, 하나님께서 믿음의 성숙을 위해 주시는 것입니다.

야고보서 1장 2-3절의 "내 형제들아 너희가 여러 가지 시험을 당하거든 온전히 기쁘게 여기라 이는 너희 믿음의 시련이 인내를 만들어 내는 줄 너희가 앎이라"의 말씀은 시련을 의미합니다.

반면에 야고보서 1장 13절의 "사람이 시험을 받을 때에 내가 하나님께 시험을 받는다 하지 말지니 하나님은 악에게 시험을 받지도 아니하시고 친히 아무도 시험하지 아니하시느니라"의 말씀에서 시험의 의미는 우리를 죄에 빠지게 하는 사탄의 유혹이라고 말할 수 있습니다. 더 나아가서 이 유혹은 인간의 기본적인 욕심과 욕망에 따라 빠져들게 합니다.

> 야고보서 1장 14-15절
> "오직 각 사람이 시험을 받는 것은 자기 욕심에 끌려 미혹됨이니 욕심이 잉태한즉 죄를 낳고 죄가 장성한즉 사망을 낳느니라."

하나님은 우리를 시험하시거나 검증하시지만 죄를 짓도록 유혹하시는 분이 아닙니다. 시험이란 신앙을 테스트test하거나 트레이닝training하는 것이고, 유혹은 마귀가 광명한 천사로 가장하여 우리를 죄에 빠지도록 하여 파괴하고 망하게 하는 것입니다.

우리에게 주시는 시험과 고난은 인내함으로 견뎌내야 합니다. 혹여 시험과 고난을 저주로 생각한다면 그리스도의 십자가를 무시하고 역행하는 일이 됩니다.

로마서 8장 39절에서 "우리를 우리 주 그리스도 예수 안에 있는 하나님의 사랑에서 끊을 수 없으리라" 말씀하고 있습니다. 시험과 고난은 연단이고 하나님의 사람으로 더욱 성숙하게 할 뿐만 아니라 의와 평강의 열매를 맺게 하십니다.

> 히브리서 12장 11절
> "무릇 징계가 당시에는 즐거워 보이지 않고 슬퍼 보이나 후에 그로 말미암아 연단받은 자들은 의와 평강의 열매를 맺느니라."

반면에 죄로 인하여 받는 징계라면 자기를 돌아보아 잘못을 회개해야 합니다. 고통 중에도 하나님의 사랑과 인도하심을 감사하며 기도해야 합니다. 무엇보다 신앙인으로서 더욱 바르게 살도록 마음을 다하고 주님이 원하시는 분량까지 매 순간 최선을 다해야 합니다.

결론적으로 우리가 마귀의 유혹에 빠져들지 않기 위해서는 기도의 청원처럼 연약함을 인정하고 진실된 고백으로 주님을 의지하며 기도해야 합니다.

우리들은 하나님이 주시는 지혜와 용기가 아니면 사탄과 맞설 수 없습니다. 우리의 힘으로는 사탄의 유혹을 막을 힘과 능력이 없습니다. 즉 사탄의 유혹에 이끌려 가거나 빠지지 않도록 막아 주시라고 기도해야 합니다.

그러므로 "시험에 빠지지 않게 하시고"라고 기도할 때마다 진실한 고백으로 주님의 도우심을 구하는 절대적인 기도가 되어야 합니다.

한편 "우리를 시험에 빠지지 않게 하시고"라고 기도할 때마다 나의 발걸음이 죄 된 본성을 자극해서 죄악된 방향으로 향하고 있지는 않는지 영적인 자각을 가져야 하고, 그 기도는 하나님께서 원하시는 바른 믿음의 길로 순종하겠다는 고백과 결단의 기도가 되어야 합니다.

악에서 구하소서

헬라어 '포네로스'poneros란 단어는 '악' 혹은 '악한 자'로 해석될 수 있습니다. 원칙적으론 악을 의미하지만 악을 지배하고 조종하는 사탄이라고 말할 수 있습니다.로마 가톨릭 교부들은 '악한 세력'으로 말하고, 희랍 정교회 교부들은 인격화된 의미의 '악한 자'로 해석하기도 한다.

주기도문의 "우리를 시험에 빠지지 않게 하시고"에서 시험은 사탄을 전제하고 있습니다. 이어서 "악에서 구하소서"의 '악은 사탄을 지칭한다고 보아야 합니다. 하나님이 지으신 세상은 아름답지만 악하다는 것도 사실입니다. 그 악의 배후에는 악한 자인 사탄이 존재하고 있습니다.

> 베드로전서 5장 8절
> "근신하라 깨어라
> 너희 대적 마귀가 우는 사자같이 두루 다니며
> 삼킬 자를 찾나니,"

세상의 악과 죄된 유혹은 강하고, 우리는 약한 존재입니다. 그러나 하나님은 강하십니다. 우리가 기억해야 할 것은, 세상이 아무리 강하고 악이 가득할지라도 세상은 하나님의 통치와 다스림 아래 있다는 것입니다. 결국 하나님은 바로잡으시는 분입니다. 우리는 비록 악한 세상에서 살아가지만 하나님의 능력을 의지하고 배경 삼아 살아갈 때 우리의 연약함을 능히 극복할 수 있습니다. 세상을 이길 힘은 나에게 있는 것이 아니고 하나님께 있습니다.

"악에서 구하소서"란 하나님께서 우리를 악에서 이기게 하시고 구하게 하실 분임을 고백하는 것입니다. 즉 하나님의 도우심으로 이 세상에서 일어나는 유혹과 악으로부터 구원받을 수 있다는 믿음의 기도입니다.

디모데후서 4장 18절
"주께서 나를 모든 악한 일에서 건져내시고
또 그의 천국에 들어가도록 구원하시리니
그에게 영광이 세세무궁토록 있을지어다 아멘."

더 나아가서 "악에서 구하소서"란 죄의 유혹과 악을 무서워하고 멀리하며 하나님의 뜻대로 살아가리라는 결단입니다. 우리는 부족하고 연약하지만 하나님의 전적인 도우심과 능력으로 승리할 수 있다고 확신하는 믿음의 기도입니다.

시편 121편 1-8절
"내가 산을 향하여 눈을 들리라 나의 도움이 어디서 올까
나의 도움은 천지를 지으신 여호와에게서로다
여호와께서 너를 실족하지 아니하게 하시며
너를 지키시는 이가 졸지 아니하시리로다
이스라엘을 지키시는 이는
졸지도 아니하시고 주무시지도 아니하시리로다
여호와는 너를 지키시는 이시라
여호와께서 네 오른쪽에서 네 그늘이 되시나니
낮의 해가 너를 상하게 하지 아니하며
밤의 달도 너를 해치지 아니하리로다
여호와께서 너를 지켜 모든 환난을 면하게 하시며
또 네 영혼을 지키시리로다
여호와께서 너의 출입을 지금부터 영원까지 지키시리로다."

행복한 사람들의 기도

　우리는 주기도문의 "우리를 시험에 빠지지 않게 하시고 악에서 구하옵소서"라는 기도를 드리며 삶 속에서 시험과 악에 빠질 수 있는 장소와 상황을 경계하고 단호하게 거부해야 합니다. 내 생애 마지막까지 시험에 빠지지 않도록 깨어 기도하는 자리에 있어야 합니다. 그리고 시험과 악에서 구원하시고 자유함을 주시는 하나님의 능력과 위대하심을 붙들고 살아감으로 내 안에 하나님의 크신 사랑이 가득 차 넘치기를 소망합니다.

　첫째, 시험과 악에 빠질 수 있는 장소와 상황들을 거부하십시오.

　집에서 직접 숯을 구워 시장에 내다 팔며 하루하루를 사는 한 숯장수가 있었습니다. 그러던 어느 날, 그의 집에는 빈 방이 하나 있었는데 그 방을 계속 비워 놓는 것이 왠지 아깝다는 생각을 하게 되었습니다. 그래서 그는 궁리 끝에 친한 친구를 찾아갔습니다. 그 친구는 남의 집 빨래를 받아다가 빨아 주는 세탁부였습니다.

"여보게, 우리 집에 있는 빈 방 말일세. 자네가 그 방에 들어와 살지 않겠나?"

그러나 친구는 다음과 같은 이유를 대며 한마디로 거절했습니다.

"안 되겠네. 자네의 배려는 고맙지만, 만일 내가 자네 집에서 산다면 내가 하는 일은 엉망이 되고 말 걸세."

숯장수는 다시 물었습니다.

"아니, 그게 무슨 소린가?"

그랬더니 친구가 대답했습니다.

"잘 생각해 보라고. 내가 아무리 깨끗하게 빨래를 한다고 해도, 빨랫줄에 널어놓은 옷가지에 자네가 굽는 숯의 가루가 조금이라도 묻으면 또다시 빨아야 할 것이 아닌가! 그 일을 어찌 매일 되풀이하겠는가!"

이처럼 우리는 세상을 살아가면서 어떤 때에는 거절할 줄 아는 용기가 필요합니다. 신앙인으로서 지혜롭게 분별하며 믿음의 길이 아니면 거절할 줄 아는 용기를 가지고 살아야 합니다.

　1930년에 프로펠러 하나 달린 단발기를 몰고 대서양을 처음 횡단한 영웅이 있었습니다. 그는 바로 찰스 린드버그 대위입니다. 대서양 횡단은 그야말로 생명을 건 모험이었습니다. 그동안 수많은 사람이 그 일에 도전했다가 생명을 잃었습니다. 그런데 린드버그 대위는 조그만 비행기를 타고 30시간 넘게 비행하여 대서양을 횡단했습니다. 그리고 세계가 주목하는 영웅이 되었습니다.

　그가 영웅이 된 다음에 파리를 방문한 적이 있는데, 그가 온다는 말을 듣고 수십만 명의 인파가 몰렸습니다. 그때 한 큰 담배 회사 사장이 그 기회를 이용해서 자기 회사의 담배를 광고하고 싶었습니다. 그래서 린드버그에게 다가가 담배 한 개비를 건네주며 말했습니다.

　"선생님, 이것을 손에 끼어도 좋고 입에 물어도 좋습니다. 포즈 한 번만 취해 주십시오. 그러면 사진 한 장을 찍는 대가로 5만 달러를 드리겠습니다."

　그 당시의 5만 달러라면 대단한 액수입니다. 그러나 믿음을 가지고 있던 린드버그는 이렇게 대답했다고 합니다.

"사장님, 저는 세례받은 교인입니다. 나는 우리 아버지와 어머니의 하나님을 믿습니다. 그분이 내 인생의 주인이십니다. 그런데 5만 달러 때문에 제가 하나님을 섭섭하게 해드릴 수 있겠습니까?"

이 말은 파리 신문에 기사로 나왔고, 당시에 그의 말을 들은 경건한 그리스도인들이 큰 감동을 받았습니다. 그리고 즉각 성금 10만 달러를 모아 린드버그에게 가져다주었다고 합니다.

우리들의 신앙생활은 어찌 보면 계속되는 시험의 연속이라고 할 수 있습니다. 그리스도인이라면 누구나 시험을 당합니다. 그러나 우리가 기억해야 할 것은, 세상 속에서 살아가지만 세상을 거스르는 자들이라는 사실입니다.

우리는 다가오는 시험 가운데 하나님의 선하시고 기뻐하시며 온전하신 뜻이 무엇인지 분별하는 자가 되어야 합니다. 그리하여 거룩한 영향력을 가지고 죄의 유혹과 악의 흐름을 막아 내는 담대하고 강력한 믿음의 사람이 되기를 소망합니다.

둘째, 내 생애 마지막까지 시험에 빠지지 않게 기도하십시오.

기원후 300년 봄에 동로마의 황제 리니치오는 금교령을 내리고, 군인과 모든 공무원을 비롯한 기독교인들에게 이교도 신전에서 향불을 피우며 제사를 드리라는 칙령을 발표하였습니다. 그 칙령을 어기면 직분을 잃을 뿐 아니라 사형을 당할 것이라고 적혀 있었습니다. 그런데 지금의 아르메니아 지방에 살고 있던 40명의 그리스도인 병사들은 이에 대해서 반대하였습니다.

총독 아그리고라오는 이들을 배교시키기 위하여 가장 혹독한 방법을 생각해냈습니다. 저들의 옷을 벗기고는 눈 오는 날 호수의 얼음 위에 앉혀 놓고는 그곳에서 얼어 죽도록 한 것입니다. 그 곁에는 김이 모락모락 나는 목욕탕을 만들어 놓고 "기독교를 버릴 자는 여기 와서 몸을 데우라"며 유혹하였습니다.

그러나 그 40명의 용사들은 목욕탕을 거들떠보지도 않고 40의 거룩한 수대로 순교의 영광을 얻게 해달라며 간절히 기도했습니다.

그들의 몸이 얼어 피가 돌지 못하고 죽게 되었을 때, 그중에 한 사람이 참지 못하고 뛰쳐나왔습니다. 그는 "기독교를 버릴 테니 살려 달라"고 하자 병사들이 그 사람을 더운 김이 모락모락 나는 목욕탕에 들어가도록 하였습니다. 그는 이제 살았다고 기뻐하며 더운물로 들어갔지만 심장마비로 그 자리에서 죽었습니다.

그때 한 병사가 하늘을 쳐다보니, 찬란한 광채가 하늘로부터 그 용사들 위에 비쳐오는 가운데 천사들이 빛나고 아름다운 면류관을 손에 들고 내려와서 용사들 머리 위에 씌워 주는 것이었습니다.

그런데 한 천사가 주인 잃은 면류관을 들고 하늘로 올라가려고 하는 것입니다. 그것을 보고 있던 병사 중에 한 사람이 기독교가 참 신앙임을 알고 "나도 기독교 신자가 되겠소"라고 소리를 치며 옷을 벗어던지고 달려 들어가서 40의 성수聖數를 채웠습니다.

다음날 아침, 장군은 죄수들을 끌어내라고 명하였습니다. 얼어 죽은 시체들이 호수 한가운데 쌓여 있었고, 그 가운데는 믿음을 저버리고 심장마비로 죽은 병사의 시체도 있었습니다. 이제 40 용사의 시체들을 불살라 그 재를 강물에 뿌렸는데, 이상하게도 흩어지지 않고 한 덩어리가 되므로 이를 건져내어 성당에 안치하였다고 합니다.

우리 모두는 신앙생활하기 어려운 시대를 살아가고 있습니다.

그러나 마지막까지 변함없는 믿음으로 예수님의 이름을 부르다 하나님나라에 들어가야 합니다. 끝까지 시험과 악에게 지지 않도록 내적 갈등과 유혹에 경계심을 늦추지 않고 믿음의 길을 걸어갈 수 있도록 기도가 내 삶의 호흡이 되어야 합니다.

셋째, 시험과 악에서 구원하시고 자유함을 주시는 하나님의 능력과 위대하심을 붙드십시오.

존 뉴턴John Newton, 1725.7.24~1807.12.21이라는 사람이 있습니다. 그는 어려서부터 좋은 어머니 밑에서 신앙생활을 잘했지만, 어머니가 6세 때 돌아가시자 11세부터 아버지를 따라 배를 타면서 성격이 거칠어지고 타락해 갔습니다. 결국 뱃사람들에게서 나쁜 것만 배우며 감옥을 제 집 드나들 듯이 다녔습니다.

그리고 이후에는 선장이 되어서 노예선을 몰게 되었습니다. 아프리카에 가서 수천 명의 울부짖는 노예들을 강제로 데려다가 미국 시장에 팔고, 말을 듣지 않는 노예들은 배 위에서 죽이고 바다에 던져 상어 밥이 되게 했습니다.

그는 잔인하고 악한 사람이 되었습니다. 육지에 내리면 허랑방탕하여 온갖 죄를 짓고 악한 일을 하며 돈을 태산같이 모았습니다.

한번은 미국에 노예들을 다 팔고 돌아오는 길에 배가 엄청난 풍랑을 만나 파선되었습니다. 죽음이 바로 눈앞에 다가왔습니다. 그는 회개하려고 해도 회개할 염치가 없었습니다. 마귀가 회개의 문을 닫아 버렸습니다.

그런데 6세 때 어머니의 기도와 사랑 가운데 다녔던 교회와 말씀이 마음속에서 살아나면서 주님을 다시 붙잡게 되었습니다. 회개하였습니다. 그는 풍랑 가운데서 "하나님, 한 번만 저를 살려 주시면 주님을 위해 살겠습니다" 하고 눈물로 몸부림치며 주님의 사랑을 붙잡고 새로운 사람이 되었습니다.

하나님은 그에게 끝없는 사랑과 긍휼을 베풀어서 살려 주셨고, 그는 신학을 공부하고 하나님의 사랑을 뜨겁게 체험하며 목사가 되었습니다. 그리고 영국의 유명한 버킹엄에서 16년, 올리교회에서 27년을 목회하며 43년간 목회자로 사명을 다했습니다. 42년은 완전히 방탕한 삶을 살다가 남은 43년은 하나님의 영광을 위하여 거룩한 삶을 산 것입니다.

그가 지은 찬송가가 바로 온 인류가 몇백 년 동안 가장 많이 부르고 은혜받아 온 305장 "나 같은 죄인 살리신"Amazing Grace입니다. 온 세계의 최고의 성악가들이 부르는 이 노래의 가사는 "나 같은 죄인 살리신 주 은혜 놀라워 잃었던 생명 찾았고 광명을 얻었네. 큰 죄악에서 건지신 주 은혜 고마워 나 처음 믿은 그 시간 귀하고 귀하다"입니다.

시편 42편 5절
"내 영혼아 네가 어찌하여 낙심하며
어찌하여 내 속에서 불안해 하는가
너는 하나님께 소망을 두라
그가 나타나 도우심으로 말미암아 내가 여전히 찬송하리로다."

이사야 1장 18절
"너희의 죄가 주홍 같을지라도 눈과 같이 희어질 것이요
진홍같이 붉을지라도 양털같이 희게 되리라."

예수님께서 이 땅에 오신 목적은 우리 모두를 시험과 악에서 구원하시고 참 자유함을 주시기 위함입니다. 우리는 예수님 안에 치유와 회복이 있음을 믿으며 위대하신 하나님의 사랑과 능력을 붙잡고 살아가야 합니다. 그리하면 그 큰 사랑이 내 안에 역사하고 새로운 인생이 시작될 것입니다.

주기도문
행복한
사랑들의 기도

송영

"나라와 권능과 영광이
영원히 아버지의 것입니다.
아멘."

창문 열기

　주기도문의 마지막 내용인 "나라와 권능과 영광이 영원히 아버지의 것입니다"라는 고백을 송영이라고 합니다. 하나님께 영광의 찬양을 올려드리는 기도입니다. 우리는 기도할 때마다 하나님을 찬송해야 합니다. 시편 103편 1절에 "내 영혼아 여호와를 송축하라 내 속에 있는 것들아 다 그의 거룩한 이름을 송축하라"고 말씀하고 있습니다. 우리는 하나님의 주권과 예정 가운데 헤아릴 수 없는 그 십자가의 은혜와 사랑 앞에 찬송할 수밖에 없습니다.

나라와 권능과 영광이
영원히 아버지의 것입니다 아멘

송영Doxology에 대한 이해

　주기도문의 송영은 마태복음에서는 괄호 안에 묶여 있는데 고대 사본에는 내용이 없습니다. 나중에 덧붙여진 부분이라고 볼 수 있습니다. 그리고 누가복음에는 송영이 아예 없습니다. 그렇다면 예수님께서 가르쳐 주시지 않은 부분이 마태복음에는 왜 기록되어 있느냐고 반문할 수 있습니다. 여기에 대해 짐작할 수 있는 것은, 예수님께서 제자들을 가르치실 때에 송영을 하지 않았으리라고 추론한다면, 후대 사본을 쓴 필사자筆寫者가 써놓지 않았을까 하는 것입니다.

　그러나 반대로 생각하면, 유대인들은 모든 기도를 마칠 때마다 반드시 송영을 함으로 예수님도 송영을 하셨을 것이라는 추측도 할 수 있습니다. 이것은 교회에서 대표 기도를 하고 성가대가 응답송을 부르는 것과 비슷하게 생각할 수 있습니다. 동방교회의 전통에서는 회중이 주기도문을 하면 송영은 사제가 합니다. 제사장이 회중의 기도에 대한 응답으로 드리는 기도가 송영입니다.

결과적으로는 주기도문의 송영은 예수님께서 하셨을 가능성도 있지만, 교회가 예배를 드리면서 주기도문을 암송하는 전통으로 굳어지고 자리를 잡아 마태복음에 기록되었다고 볼 수도 있습니다.

여기에 대해서 종교개혁자 칼빈이나 로이드 존스 목사는 "원칙적으로 구절이 없는 것보다 구절이 있는 사본을 더 신뢰한다"고 했습니다. 괴팅겐대학 신약학 교수였던 요아킴 예레미아스[1900~1979]는 "예수님은 주기도에서 송영을 말씀하지 않았지만, 송영을 드리는 것에 대해서 찬성하셨음에 분명하다"라고 말합니다.

중요한 것은, 주기도문은 하나님의 나라를 구하는 기도로 시작하여 마지막 하나님을 위한 송영으로 마무리한다는 것입니다.

하나님의 나라와 권능과 영광이 아버지께 있다는 고백과 선언으로 마무리됩니다.

송영은 우리가 하나님께 드리는 가장 아름다운 고백이고, 최고의 찬양과 경배입니다. 또한 하나님 나라의 영광을 위하여 살아가겠다는 다짐과 사명의 확인임을 기억해야 합니다. 그리하여 아버지의 뜻을 내 안에 가득 채워서 풍성한 열매 맺기를 소망합니다.

나라와 권능과 영광이 영원히 아버지의 것입니다

"나라와"에서 '나라'는 헬라어 '바실레이아'bassileia 로 '왕권을 지닌 자', '군주', '백성의 지도자'라는 뜻이며 '바실레우스'에서 파생된 단어입니다. 이것은 통치자가 다스리는 영역이나 백성, 다스림 그 자체를 의미하며, 어떤 지역이나 장소가 아니라 하나님의 주권과 통치가 이루어지는 곳을 말합니다. 즉 하나님의 다스림이 실현되는 모든 영역입니다.

하나님의 나라는 이 땅에서 부분적으로 이루어지는 것 같고 죄의 유혹과 악이 번성하는 것 같지만, 결국은 하나님께서 주권자로 다스리시고 섭리하신다는 것입니다.

더 나아가 예수님 자신이 하나님 나라의 모든 것입니다. 예수님은 예언의 말씀대로 이 땅에 오셔서 십자가에 죽으셨고 부활하고 승천하셨습니다. 예수님의 생애가 하나님 나라의 확증이었으며, 다시 오셔서 하나님 나라는 완성될 것입니다. 하나님은 우리로 하여금 하나님의 나라와 뜻을 위해 살라고 말씀합니다.

또한 "권능과"에서 '권능'은 헬라어 '두나미스'dunamis로 '다이너마이트'의 어원이기도 한데, 이것은 파괴하는 능력이 아니라 살리고 회복시키는 능력을 합니다. 하지만 권능은 '엑수시아'eksousia에 더 가깝다고 할 수 있습니다. '엑수시아'는 '엑세스티'에서 파생된 단어로 '권세', '특권'이고 영향력으로 다스림과 통치할 힘과 능력의 의미를 포함하고 있습니다.

우리는 아버지의 권능을 인정할 뿐 아니라 그 권능이 생명을 살리는 영혼 구원으로 드러나도록 기도해야 합니다. 또한 우리가 그 능력을 공급 받고 하나님의 권능이 풍성한 열매로 열리도록 노력해야 합니다.

"영광이"에서 '영광'은 헬라어 '독사'doxa로 히브리어 '카보드'kabod를 번역한 말입니다. 카보드는 전투복을 말하는데, 이것은 '중요함', '탁월함', '위대함', '빛남'으로 바뀌어서 '찬양을 받는다', '높임을 받는다'라는 뜻으로 쓰이고 있습니다.

하나님의 영광은 아름답게 빛나는 것입니다. 그 영광은 예수님의 십자가 사랑으로 비추어 주셨습니다. 우리는 그 사랑을 받은 자로서 감사와 찬양으로 영광을 드러내야 합니다. 오직 영광은 하나님의 것입니다.

"영원히"란 뜻은 절대 진리라는 사실과 함께 과거, 현재, 미래가 끝없이 이어지는 시간을 말합니다. 주기도문의 마지막 송영은 모든 것이 하나님의 주권과 다스리심에 있다는 고백입니다. 이것은 오직 하나님의 나라와 권능과 영광만이 이루어지기를 소망하는 기도입니다.

즉 하나님의 나라가 확장되어 가고 있음과 동시에 하나님의 나라가 아버지의 뜻대로 온전히 이루어져 가고 완성되어 갈 것을 확신하며 선포하는 믿음의 기도입니다. 하나님의 나라와 권능과 영광이 영원무궁하다는 고백입니다.

아멘 Amen

주기도문의 종결어 아멘은 히브리어 '아만'aman에서 파생된 단어입니다. 기본적인 의미로 아멘은 '진실한', '확실한'의 강한 긍정으로, 다른 사람이 한 말에 대하여 적극적인 동의를 나타내는 단어입니다. 그 외에도 하나님 앞에 진실을 맹세하거나 자신의 결단을 표현하며 마무리할 때 송영의 마지막 부분에서 쓰이고 있습니다. 또한 그리스도를 지칭할 때도 쓰이고 편지를 끝맺으면서 축복을 구할 때도 사용하고 있습니다.

적극적 동의 - 신명기 27장 26절
"이 율법의 말씀을 실행하지 아니하는 자는
저주를 받을 것이라 할 것이요
모든 백성은 아멘 할지니라."

맹세와 결단 - 열왕기상 1장 36절
"여호야다의 아들 브나야가 왕께 대답하여 이르되
아멘 내 주 왕의 하나님 여호와께서도
이렇게 말씀하시기를 원하오며,"

기도와 송영 마무리 - 역대상 16장 36절
"여호와 이스라엘의 하나님을 영원부터 영원까지 송축할지로다 하매
모든 백성이 아멘 하고 여호와를 찬양하였더라."

예수 그리스도를 지칭 - 요한계시록 3장 14절
"라오디게아 교회의 사자에게 편지하라
아멘이시요 충성되고 참된 증인이시요
하나님의 창조의 근본이신 이가 이르시되,"

> 편지의 마지막 – 갈라디아서 6장 18절
> "형제들아 우리 주 예수 그리스도의 은혜가
> 너희 심령에 있을지어다 아멘."

'아멘'은 일반적으로 두 가지 뜻을 가지고 있습니다. 첫째로, '진실로 그렇습니다', '저의 마음도 동일합니다'란 의미입니다. 둘째로, '그대로 이루어지기를 원합니다', '그렇게 될 줄로 믿습니다'란 의미입니다. 즉 '아멘' 속에는 하나님의 크고 위대하신 능력을 믿는 믿음이 담겨 있습니다. 그런데 이보다는 '그렇게 될 것입니다'란 헌신적인 확신이 있는 표현으로 알아야 합니다.

우리는 주기도문을 통하여 예수님의 사랑을 더 깊이 경험하고 그의 나라와 의를 구하며 아멘으로 영광을 올려드려야 합니다.

우리가 기억해야 할 것은, 주기도문이 아멘으로 끝나는 것이 아니라 그 내용이 진리이며, '그대로 살아가겠습니다'란 믿음의 새로운 결단을 가지고 삶의 자리로 나아가는 고백이고 선포라는 사실입니다.

송영 _ "나라와 권능과 영광이 영원히 아버지의 것입니다. 아멘."

행복한 사람들의 기도

주기도문의 송영은 내가 하나님께 청원한 것을 삶으로 살아가겠다는 의지가 포함된 순종의 기도이고 서약입니다. 주기도문을 자기의 이름과 뜻을 위해 드리고 있다면 가장 위험한 기도를 하고 있는 것입니다.

우리는 내 모든 영역에서 하나님의 위대하심을 높여 드려야 하고, 주인 되심을 인정하며, 그의 나라가 이루어지기를 소망하며 자녀답게 살아야 합니다.

첫째, 내 모든 영역에서 하나님의 위대하심을 높이십시오.

르네상스를 대표하는 천재 예술가로 불리는 미켈란젤로 디 루도비코 부오나로티 시모니 Michelangelo di Ludovico Buonarroti Simoni, 1475.3.6~1564.2.18는 최고의 조각가이자 건축가이며 화가입니다. 그는 고집스럽고, 자신의 작품에 대해 자부심이 강한 인물로 유명합니다. 그는 아무리 많은 돈을 주어도 내키지 않으면 결코 작품을 제작해 주지 않았습니다.

그에게는 또한 독특한 버릇이 하나 있었습니다. 자신의 작품에 결코 사인을 하지 않는 것이었습니다. 그는 마리아가 죽은 예수님을 끌어안고 슬퍼하는 '피에타' 상을 제외하고 어느 작품에도 사인을 남기지 않았습니다.

이러한 습관은 바티칸의 시스티나 성당 천장에 '천지창조'를 그리던 때로 거슬러 올라갑니다. 1508년 교황 율리우스 2세의 명령으로 시스티나 성당의 천장화를 그리게 된 미켈란젤로는 성당 출입을 막고 무려 4년 동안 성당에 틀어박혀 천장 전체에 그림을 그렸습니다. 천장 밑에 세운 작업대를 의지하고 앉아 고개를 뒤로 젖힌 채 물감을 칠해 나가는 고된 작업이었습니다.

천장 아래의 좁은 공간에서 떨어지는 안료를 맞으며 그림을 그렸는데, 천장화를 그리는 동안 미켈란젤로는 척추가 휘고 한쪽 시력이 심각하게 손상되었습니다. 그는 마지막으로 사인을 한 뒤 흡족한 표정을 지으며 붓을 놓았습니다. 그리고 지친 몸을 편히 쉬게 하려고 성당 밖으로 나왔습니다.

그런데 성당 문을 나섰을 때 그는 눈앞의 광경에 감탄하고 말았습니다. 눈부신 햇살과 푸른 하늘, 높게 날고 있는 새들, 아무리 뛰어난 화가라도 눈앞에 있는 대자연의 모습을 제대로 표현할 수 있을까 하는 생각이 들었습니다. 그때 미켈란젤로의 마음에 작은 울림이 들렸습니다.

'하나님은 이렇게 아름다운 자연을 창조하시고도 어디에도 이것이 자신의 솜씨임을 알리는 작은 흔적조차 남기지 않으셨는데, 나는 기껏 작은 벽화 하나 그려 놓고 나를 자랑하려고 서명을 하다니……'

그는 즉시 성당으로 돌아갔습니다. 그리고 작업대 위에 서서 자신의 사인을 지워 버렸습니다. 그 후 미켈란젤로는 그 어느 작품에도 자신의 사인을 남기지 않았습니다.

우리는 조금 선한 일을 하든 무엇이든 내세울 일이 있으면 나를 드러내기에 정신이 없습니다. 그러나 지금 나에게 생명을 주셨고, 오늘을 살아가게 하심이 하나님의 은혜라면 무엇을 자랑하며 살겠습니까?

우리가 잘 아는 음악가 중에 프란츠 요제프 하이든 Franz Joseph Haydn, 1732.3.31~1809.5.31이 있습니다. 그는 오스트리아의 작곡가이며 교향곡의 아버지로 불리고 있습니다. 100곡 이상의 교향곡 중에서 70곡 가까이는 현악 4중주곡 등으로 고전 시대 기악곡의 전형을 만들었으며, 특히 제1악장에서 소나타 형식을 완성한 사람으로도 유명합니다. 말년에는 미사곡과 '천지창조', '사계' 등 오라토리오 풍 교회음악의 명작을 남겼습니다.

1808년 하이든이 세상을 떠나기 1년 전의 일입니다. 그가 작곡한 '천지창조'를 비엔나 대극장에서 연주하게 되었습니다. 그때 하이든은 몸이 너무 쇠하여서 잘 걷지를 못했습니다. 할 수 없이 휠체어를 타고 극장 발코니에서 자기 곡의 연주를 들었습니다.

연주가 시작되었고 감동적인 연주회가 되었습니다. 연주회가 끝나자 청중이 전부 다 일어나서 지휘자를 향하여 박수를 보냈습니다. 그러자 지휘자는 발코니 앞에 앉아 있던 하이든을 향해 박수를 보내게 했습니다. 그때 하이든이 휠체어를 짚고 겨우 일어나 이렇게 소리를 쳤습니다.

"내가 아니오. 오직 영광을 받으실 분은 하나님 한 분이십니다. 저 하늘에 계신 하나님, 빛을 창조하신 하나님께 영광을 돌리십시오."

하이든은 자기도 모르게 있는 힘을 다해 외치다가 쓰러졌는데, 끝내 일어나지 못하고 1년 후에 세상을 떠났습니다. 그는 모든 영광을 하나님께 돌리고 세상을 떠났습니다.

그가 세상을 떠나기 전에 마지막으로 남긴 말이 있습니다.

"내 곡이 연주될 때마다 나를 생각하지 말고 천지를 창조하신 여호와 하나님께 영광과 찬양을 올리시오."

우리들은 무엇을 하든지 이 땅에 나를 보내신 하나님의 영광을 높이 드러내는 아름다운 인생을 살아가야 합니다. 그리하면 그 하나님은 우리 인생을 하늘의 별처럼 빛나게 하시고 행복한 인생으로 수놓아 가실 것입니다.

둘째, 하나님이 주인 되심을 인정하고 의지하십시오.

미국의 역사를 보면, 영국의 청교도들이 박해를 받으면서 신앙생활을 잘하기 위해 1629년에 102명이 메이플라워호를 타고 117일 동안 대서양을 건너 미국 플리머스에 도착하면서 믿음 위에 세워진 나라가 미국입니다.

현재 미국이라는 나라는 정치, 경제, 외교, 국방, 교육, 군사, 과학 등 다양한 분야에서 막강한 힘을 가지고 지구상의 모든 나라를 움직이고 있다고 말할 수 있습니다.

그러나 미국은 경제대국을 자인하면서 약소국가의 연약함을 돕는 것 같지만, 그 이면에는 자국의 이익을 위해서는 약소국가의 존재를 흔들 만큼 악영향을 끼치기도 합니다. 여기에 대해서 사람들의 평가는 극명하게 갈리고 있습니다.

이에 많은 성서학자들은 지금의 미국이 청교도 신앙의 근본 정신이 자꾸 희미해져 가는 것 같아서 염려하기도 합니다. 그런데도 그 민족의 정신과 뿌리는 간직하고 있음을 부인할 수 없습니다.

우리가 알듯이 미국에서는 대통령이 취임할 때 목사님을 모셔서 하나님 앞에서 축복기도를 먼저 받습니다. 그리고 하나님의 말씀인 성경 위에 대통령이 손을 얹고 선서를 합니다. "나는 거룩한 하나님의 말씀대로 미국을 다스리겠습니다"라는 서약입니다.

하나님의 말씀인 성경은 3천 년 전에 유대인들이 기록한 책으로 이해할 수 없는 이야기들이 많습니다. 홍해가 갈라지고, 반석에서 샘물이 나고, 구리뱀을 보면 병이 낫고, 처녀가 아들을 낳았다는 이야기들로, 과학적인 내용이 아닙니다. 또한 천사와 사탄의 이야기가 끝없이 기록되어 있습니다.

그런데 세계를 다스리는 미국 대통령이 성경 가지고 나라를 다스리겠다는 말은 어린아이들도 이해하기 어려운 비현실적인 이야기 같습니다.

그러나 미국은 이 시대에 가장 현실적이고 과학적이며 군사적일 뿐만 아니라 경제적입니다. 미국은 부강하여 세계를 지배하고 다스리는 나라입니다. 그 나라의 대통령이 가장 힘이 있는 지도자로 영향력을 끼치고 있습니다.

대통령은 취임식이 끝나면 모든 사람들 앞에 간단하게 한마디 합니다.

"하나님, 나를 도와주시옵소서." God, help me!

하나님의 힘을 빌린다는 말입니다. 내 힘으로 하지 않고, 내 힘으로 할 수도 없으며, 하늘에 계신 하나님의 힘을 빌려서 내가 이 나라를 다스릴 수 있도록 힘을 주시고 도와주시라는 고백입니다.

미국의 국새에도 청교도 정신이 그대로 간직되어 있습니다. 국새는 나라마다 외교문서와 훈포장에 찍는 국가 도장을 말합니다. 우리나라 국새에는 '대한민국'이라고 쓰여 있습니다. 우리 생각에는 미국의 국새에도 당연히 '아메리카 합중국'이라고 새겨져 있을 것 같지만, 실제로는 라틴어로 '애뉴이트 셉티스'Annuit Coeptis라고 새겨져 있습니다. '하나님은 우리가 하는 일을 좋아하시니라'라는 뜻입니다. '우리 하나님이 미국을 향하여 미소 짓고 계신다.' 이것이 미국 국새의 도장 내용입니다.

우리는 전능하사 천지를 만드시고 온 우주의 역사와 모든 생명을 다스리시는 하나님께서 우리를 향하여 미소 지으실 때 만사가 형통하고 잘된다는 사실을 기억해야 합니다.

더 나아가서 미국의 동전과 지폐에도 "우리는 하나님을 믿는다"In God We Trust라고 새겨져 있습니다. 하나님에 대한 믿음으로 돈을 사용한다는 뜻입니다. 모든 것이 하나님으로부터 오며 하나님께서 우리에게 허락해 주신다는 것입니다.

결국, 자본주의 국가에서는 돈 없이 살 수 없으나 동전에 새겨진 세속적인 권위보다 우리 영혼에 새겨진 하늘의 권위에 복종하며 살아간다는 고백입니다.

이처럼 하나님을 기쁘시게 하는 국가와 기업, 회사, 가정, 인생은 하나님께서 반드시 길을 열어 주시는 분임을 믿고 살아가기 바랍니다.

하나님은 천지만물을 창조하시고 인류의 역사와 생명을 주관하며 다스리시는 분입니다. 우리의 행복은 하나님을 경외하고 의지하여 믿음의 정원 안에 살아갈 때 참된 평안과 행복으로 인도함을 받습니다.

셋째, 하나님의 나라가 이루어지기를 소망하며 자녀답게 사십시오.

아리스티데스의 《변증론》 15장 Aristides, Apologia 15 의 《변증론》 Apology 은 로마 제국으로부터 교회가 큰 핍박을 받는 시대에 기독교에 대한 오해를 풀기 위해서 로마의 하드리아누스 황제에게 보낸 편지입니다.

오, 황제여! 그리스도인들은 진리를 두루 찾다가 발견하였으니, 우리가 그들의 성서에서 인용한 바와 같이 그들은 어느 백성들보다 진리와 가까이 있습니다. 사실 그들은 하나님을 알고 있으며, 그분을 만유의 창조자요 직공장이라고 믿고 있습니다. 그들은 그분에게서 계명을 받았으며, 그 의미대로 준수하고 있습니다.

그래서 그들은 간통과 음란한 행동을 하지 않고, 거짓 증언을 하지 않으며, 맡겨진 재물을 횡령하지 않습니다. 자기 것이 아닌 것을 탐내지 않으며, 부모를 공경하고, 이웃들에게 친절을 다합니다. 사람 모습을 한 우상들에게 기도하지 않으며, 남이 싫어하는 것은 하지 않으려 합니다.

자기를 멸시하는 사람을 설득하여 친구로 삼으며, 원수들에게는 열심히 자선을 베풉니다. 남녀를 가리지 않는 데다, 노예들에게도 그리스도인이 되라고 권면합니다.

그들은 어디를 가나 겸손과 친절을 다합니다. 과부들을 멸시하지 않으며, 고아들을 학대하는 자들로부터 고아들을 해방시킵니다. 가진 사람은 못 가진 사람에게 아쉬움 없이 내어 주고, 뜨내기가 눈에 띄면 자기네 집으로 맞아들이며 마치 친형제처럼 반깁니다. 그들 가운데 어느 가난한 사람이 세상을 떠났다면 그들은 자신들의 능력이 닿는 대로 장례를 주선합니다.

또 그들 중에 누군가가 그리스도의 이름 때문에 감옥에 갇혔거나 궁지에 빠져 있다면, 모두들 그에게 필요한 것을 나눠 주고 할 수 있다면 그를 풀려나게 합니다. 그들 속에 가난한 사람이나 궁핍한 사람이 있다면, 이틀이나 사흘이나 단식을 해서라도 궁핍한 사람의 필요한 양식을 마련해 줍니다.

그들의 주이신 하나님께서 그들에게 명하신 대로 그들은 그리스도의 계명들을 양심적으로 지키고 있습니다. 그들 중 한

> 의인이 세상을 떠나면, 그들은 기뻐하고 하나님께 감사드리며, 마치 그가 한 곳에서 다른 곳으로 옮겨가듯 그의 시신을 장송합니다. 오, 황제여! 이것이 그리스도인들이 살아가는 삶의 법칙입니다.

우리가 예수님의 생애를 아름다운 한 폭의 그림으로 비유한다면 우리는 그 아름다움을 간직하는 훌륭한 액자가 되어야 합니다. 예수님의 그림은 훌륭한데 액자 때문에 그림이 희미해져 보이고 어두워 보여서는 안 됩니다. 아름다움을 감추는 액자가 되어서도 안 될 것입니다. 바라기는 예수님의 생애를 더욱 아름답게 간직하고 드러내게 하는 멋진 액자가 되어야 합니다.

남아메리카 남동부에 위치한 우루과이의 한 작은 교회 벽에 "주님의 기도를 드릴 때"라는 글이 있습니다. 오늘날 우리의 기도가 삶과 얼마나 거리가 있는지 반성과 성찰로 되묻고 있습니다.

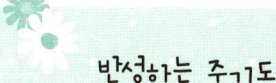
반성하는 주기도문

'하늘에 계신'이라 하지 마라. 세상일에만 빠져 있으면서.

'우리'라고 하지 마라. 너 혼자만을 생각하며 살아가면서.

'아버지여'라고 하지 마라. 아들딸로 살지도 않으면서.

'이름이 거룩하게 하시며'라고 하지 마라. 너의 이름을 빛내기 위해 안간힘을 쓰면서.

'나라가 오게 하시며'라고 하지 마라. 물질 만능의 나라가 오기를 학수고대하면서.

'뜻이 하늘에서와 같이 땅에서도 이루어지게 하소서'라고 하지 마라. 온 천지가 네 뜻대로 되기를 갈망하면서.

'오늘 우리에게 일용할 양식을 주시고'라고 하지 마라. 죽을 때까지 먹을 양식을 잔뜩 쌓아 두려 하면서.

'우리가 우리에게 잘못한 사람을 용서하여 준 것같이 우리 죄를 용서하여 주시고'라고 하지 마라. 누구에겐가 아직도 원한과 앙심을 품고 있으면서.

'우리를 시험에 빠지지 않게 하시고'라고 하지 마라. 호시탐탐 죄지을 기회를 찾아다니면서.

'악에서 구하소서'라고 하지 마라. 악을 보고도 아무런 양심의 가

책과 소리를 듣지 않으면서.

'나라와 권능과 영광이 영원히 아버지의 것입니다'라고 하지 마라. 그 모든 것들이 온통 네 것이 되기를 염원하면서.

'아멘'이라고 하지 마라. 주님의 기도를 진정 너의 기도로 드리지도 않으면서.

결론적으로 주기도문은 예수님께서 가르쳐 주신 기도로, 하나님 나라가 삶 가운데 이루어지기를 구하며 행복한 사람들이 살아가야 할 거룩한 길입니다. 바라기는 행복한 사람들의 기도와 삶으로 이 땅 가운데 하나님 나라의 아름다운 꽃이 피워지기를 소망합니다.

주기도문
행복한
사람들의 기도

하나님의 나라

하나님의 나라가

오늘의 삶 가운데

온전히 이루어지게 하소서

하나님의 나라가

믿음의 자녀들로

이 땅에 행복한 열매가 열리게 하소서

하나님의 나라가

믿음의 다음 세대로

영원히 행복을 노래하게 하소서

- 김호진 목사 -

대가족 사진

저자 김호진

김호진 목사는 연세대학교 대학원을 졸업하고
미국 풀러신학대학원에서 목회학 박사 학위를 받았습니다.
선한교회 교육전도사, 유성교회 담임전도사,
전주연세교회 부목사, 광주월광교회 부목사,
군산영안교회 담임목사와 군산영광여고 교목으로 섬겼습니다.
현재 전주기전여자고등학교 교목으로 섬기고 있는 그는
믿음의 다음 세대를 세우고자 하는 꿈과 비전을 가지고
행복한 미래에 살고 있는 사역자입니다.

저서

《행복한 동행》(2013), 《행복한 만남》(2014)
《십계명_행복으로 가는 길》(2015), 《행복한 정원》(2016)
《사도신경_행복한 믿음의 고백》(2018)
《주기도문_행복한 사람들의 기도》(2019)

주기도문_행복한 사람들의 기도

1판 1쇄 인쇄 _ 2019년 6월 15일
1판 1쇄 발행 _ 2019년 6월 29일

지은이 _ 김호진
펴낸이 _ 이형규
펴낸곳 _ 쿰란출판사

주소 _ 서울특별시 종로구 이화장길 6
편집부 _ 745-1007, 745-1301~2, 747-1212, 743-1300
영업부 _ 747-1004, FAX 745-8490
본사평생전화번호 _ 0502-756-1004
홈페이지 _ http://www.qumran.co.kr
E-mail _ qrbooks@gmail.com / qrbooks@daum.net
한글인터넷주소 _ 쿰란, 쿰란출판사
등록 _ 제1-670호.1988.2.27
책임교열 _ 김유미 · 이화정

ⓒ 김호진 2019 ISBN 979-11-6143-261-8 93230

책값은 뒤표지에 있습니다.
이 출판물은 저작권법에 의해 보호를 받는 저작물이므로 무단 복제할 수 없습니다.
파본破本은 구입처에서 교환해 드립니다.